Caminos

Spanisch für Anfänger 1

Arbeitsbuch

von
Margarita Görrissen
Marianne Häuptle-Barceló
Juana Sánchez Benito
Veronica Beucker
Paloma Martín Luengo
Burkhard Voigt

Ernst Klett Verlag
Stuttgart · München · Düsseldorf · Leipzig

Liebe Kursteilnehmerinnen
und Kursteilnehmer,

im Lehrbuch von *Caminos* finden Sie regelmäßig Hinweise auf Aktivitäten im Arbeitsbuch. Im vorliegenden Arbeitsbuch werden Übungen angeboten, mit denen Sie all das, was Sie im Lehrbuch kennengelernt haben, selbständig üben und vertiefen können. Die Aktivitäten sollen Ihnen helfen, besonders die Vokabel- und Grammatikkenntnisse zu festigen und zu vertiefen. Gelegentlich gibt es eigens gekennzeichnete Partner- und Gruppenübungen sowie Hörtexte in Verbindung mit einer Cassette (Klettnummer 514882). Das Arbeitsbuch stellt Ihnen somit ein umfangreiches Übungsangebot zur Verfügung. Wenn Sie den Stoff aber schon gut beherrschen, können Sie ruhig auf einzelne Übungen verzichten. Zum Arbeitsbuch gibt es ein separates Lösungsheft (Klettbuch 514884), das auch die Transkription der Hörtexte enthält.

Im Gegensatz zum Lehrbuch sind die Übungen im Arbeitsbuch fortlaufend numeriert, ohne auf die Blöcke A, B und C Rücksicht zu nehmen. Auf diese Weise werden Verwechslungen der Arbeitsbuchaktivitäten mit denen des Lehrbuchs vermieden. Ansonsten richtet sich das Arbeitsbuch in seinem Aufbau nach dem des Lehrbuchs: Nach jeweils drei *Unidades* folgt eine Wiederholungslektion. Am Ende eines jeden solchen *Revuelto* können Sie in einem kleinen Test nachprüfen, wieviel Sie schon gelernt haben und wie gut Sie das Erlernte beherrschen. In den *Revueltos* gibt es keine genaue Verknüpfung zwischen Lehrbuch und Arbeitsbuch. Sie können die Übungen auch erst im Anschluß an die Lehrbuchlektion bearbeiten.

Immer wieder begegnen Ihnen „Lerntips", die Ihnen Hinweise und Strategien anbieten, auf welche Weise Sie das Gelernte besser aufbereiten, verarbeiten und dadurch auch besser anwenden können.

Die Übungen im Arbeitsbuch enthalten in der Regel nur den im Lehrbuch angebotenen Wortschatz, einzelne unbekannte Wörter werden in der Aufgabe angegeben, in der sie erscheinen. Am Ende einer jeden Unidad werden Sie aufgefordert, eine Wörtersammlung nach Ihren eigenen Bedürfnissen anzufertigen. Mit dieser Vokabelsammlung (*Mind Map* oder „Gedächtnislandkarte" genannt) ordnen Sie die Wörter thematisch nach Ihren eigenen Assoziationen. Das ist ein wichtiges Hilfsmittel für besseres Behalten, denn das Gehirn kann sich nach Themen geordnete Wörter besser merken als reine Wortlisten.

Nicht zuletzt bietet Ihnen das Arbeitsbuch einen Grammatikanhang, in dem der behandelte Stoff systematisch, d.h. nach grammatischen Phänomenen geordnet ist. Falls Sie sich also noch einmal vergewissern wollen, wie eine bestimmte grammatische Form gebildet wird, können Sie dort schnell die gewünschte Information nachschlagen. Die lektionsbegleitende Grammatik im Anhang des Lehrbuchs verweist auf die einzelnen Kapitel der systematischen Grammatik.

Das Arbeitsbuch ist somit eine wichtige Ergänzung zum Lehrbuch, sei es für die Arbeit im Unterricht, für die Nachbereitung zu Hause oder zum Nachschlagen grammatischer Regeln.

Viel Spaß und Erfolg beim Spanischlernen
wünscht Ihnen Ihr

Caminos-Team

Inhaltsverzeichnis

Unidad 6: De compras S. 49

Unidad 7: Y la familia, ¿qué tal? S. 60

Unidad 8: Revuelto S. 67

Unidad 9: ¡Cómo pasa el tiempo! S. 73

Unidad 14: Vivir, antes y hoy S. 118

Unidad 15: ¡Vamos de fiesta! S. 127

Unidad 16: Revuelto S. 135

Anhang S. 142

Einsatz der Cassette

Übung im Unterricht

MODELO Beispiel

Grammatik

Hola, ¿qué tal?

Complete.
Erinnern Sie sich noch daran, wie man sich vorstellt und andere nach ihrem Namen fragt? Tragen Sie die fehlenden Elemente ein.

1. • Me llamo Isabel. Y tu, ¿cómo te llamas?
   ○ Miguel.
2. • Yo soy Julián Alonso. Y usted, ¿cómo se llama?
   ○ Pilar Rodríguez.
3. • Me llamo María, ¿y tú?
   ○ Manuel.
4. • ¿Cómo se llama usted?
   ○ Patricia Gallardo.

Ordene.
Wenn Sie die Teile dieses Puzzles ordnen, erhalten Sie einige Gruß- und Abschiedsformeln. Schreiben Sie sie auf.

El mundo del español

A. Ya entendemos algo

1

a) Complete.
Ergänzen Sie die Sammlung mit spanischen Wörtern, die Sie schon kennen.

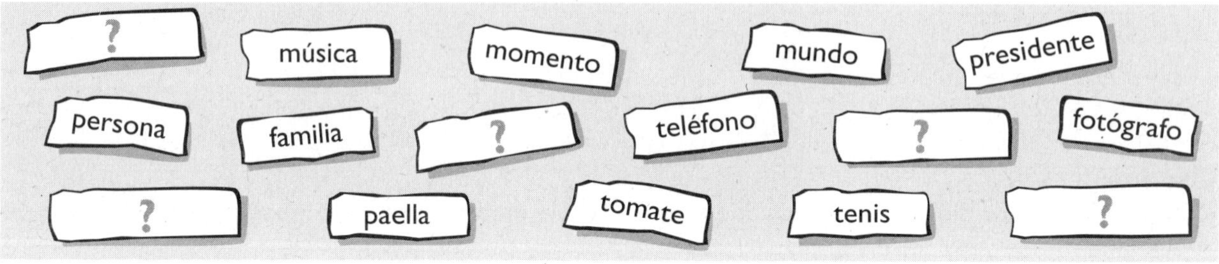

b) Pregunte a su compañero/-a.
Fragen Sie sich gegenseitig nach der Bedeutung dieser Wörter.

MODELO
- ¿Qué significa música?
- *Musik*. ¿Qué significa...?

2

a) ¿Cómo se pronuncia?
Welche der unten angegebenen Wörter klingen am Anfang so wie die in den fünf Spalten? Übertragen Sie die Tabelle in Ihr Heft und tragen Sie die Wörter in die entsprechende Spalte ein.

Goya – José – Colombia – Bogotá – Gibraltar – Juanita – Valencia – kilo – Jerez – Quito – guitarra – Cuba – Venezuela – Cecilia – Zamora – Carlos – Guatemala

Córdoba	**G**erona	**B**arcelona	**G**ranada	**Z**aragoza

b) Compruebe con la casete.
Überprüfen Sie mit Hilfe der Cassette.

3

¿Cómo se pronuncia?
Achten Sie auf die Aussprache der folgenden Wörter und sprechen Sie nach.

Europa – Eugenia – Puerto Rico – Suecia
Copenhague – La Habana – Holanda – alcohol
Ceuta – Venezuela – elegancia – difícil

Chile – macho – chocolate – China
José – geografía – Argentina – Jorge
me llamo – Mallorca – Sevilla – Marbella

4

¿Recuerda?
Erinnern Sie sich? Tragen Sie die Fragen und Ausdrücke ein, die Sie gelernt haben.

1. Wie fragen Sie nach der Bedeutung eines Wortes? ¿Qué significa?
2. Wie fragen Sie nach der Aussprache? Cómo se pronuncia?
3. Wie fragen Sie eine Person nach ihrem Namen? Cómo se llama? Cómo te llamas?
4. Wie begrüßen Sie jemanden zu folgenden Tageszeiten?
   7.00 Uhr Buenos días. 14.00 Uhr Buenas tardes. 22.00 Uhr Buenas noches.

B. ¿Quién es?

5

Relacione.
Ordnen Sie zu.

1. Pablo Picasso	es un cantante de ópera.
2. Isabel Allende	es un pintor moderno.
3. Rigoberta Menchú	es una autora chilena.
4. José Carreras	es un político español.
5. Felipe González	es una política guatemalteca.
6. Plácido Domingo	
7. Salvador Dalí	

6

¿Cuántas patas tienen?
Wie viele Beine haben diese Tiere zusammen? Schreiben Sie die Zahlen in Worten.

1. un colibrí	dos	5. un colibrí y un cocodrilo	seis
2. un elefante y una jirafa	ocho	6. una tarántula	ocho
3. un cóndor y dos elefantes	diez	7. dos papagayos	cuatro
4. tres gorilas	seis	8. una boa	zero

7

¿Quién es?
Von der Cassette hören Sie einige Zahlen. Jede Zahl entspricht einem Buchstaben. Wenn Sie die Zahlen durch die entsprechenden Buchstaben ersetzen, entdecken Sie einen Namen.

Números: ☐ ☐ ☐ ☐ ☐ ☐ ☐ ☐ ☐ ☐ ☐
Nombre: ☐ ☐ ☐ ☐ ☐ ☐ ☐ ☐ ☐ ☐ ☐

8

Coloque las palabras.
Heften Sie die Wörter an die richtige Stelle der Pinwand.

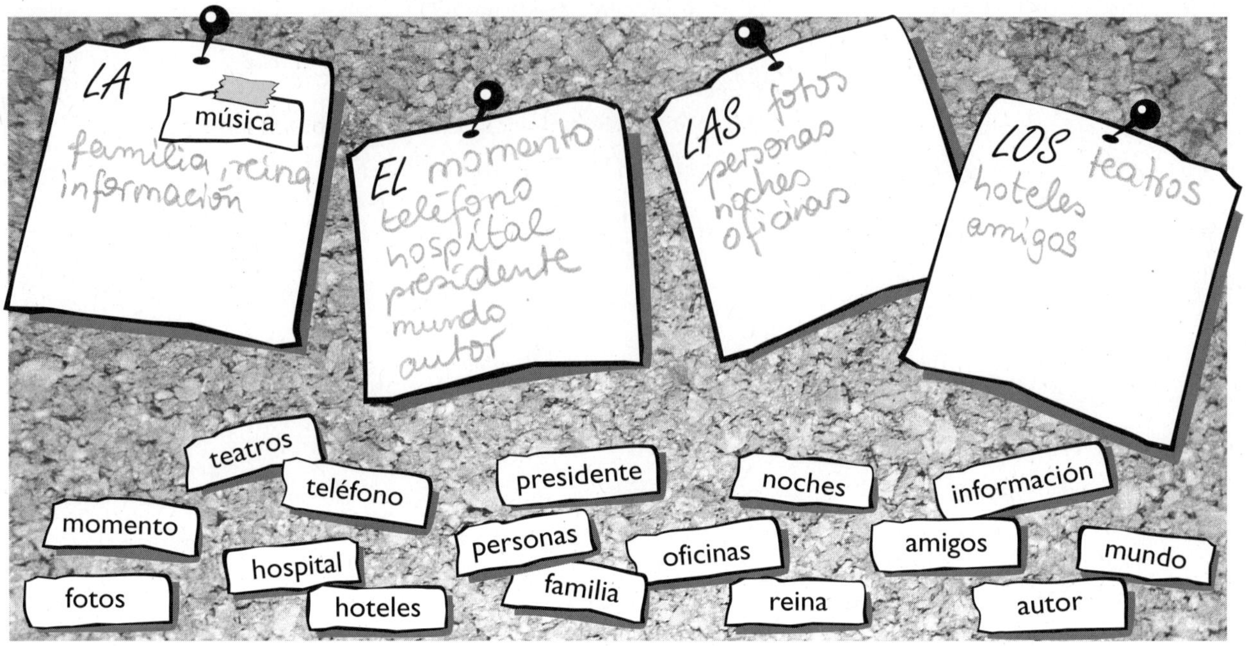

9

Forme el plural.
Setzen Sie die folgenden Wörter in den Plural.

hotel – familia – hospital – pintor – persona – cantante – periódico

10

a) ¿Cómo se acentúa?
Ordnen Sie die Wörter von der Pinwand (Übung 8) entsprechend ihrer Betonung den drei Gruppen zu. Achtung, die Betonung ist nicht immer wie im Deutschen!

Brasil □ □ ■	Argentina □ ■ □	América ■ □ □
Ecuador	*Ibiza*	
El Salvador	*Caracas*	
Uruguay		
Panamá		

b) Suchen Sie nun aus den Zeitungsüberschriften auf Seite 8 im Lehrbuch fünf Wörter aus und ordnen Sie sie ebenfalls den drei Gruppen zu.

Lerntip

Auch wenn Sie erst wenig Spanisch können, sind Sie doch in der Lage, einem spanischen Text gezielt bestimmte Informationen zu entnehmen. Wichtig ist, daß Sie sich durch unbekannte Wörter nicht irritieren lassen, sondern sich auf die Elemente konzentrieren, mit deren Hilfe Sie die Frage beantworten können. Diese Technik hilft Ihnen, wichtige Aussagen zu verstehen, ohne jedes unbekannte Wort nachzuschlagen.
Versuchen Sie es einmal mit dem folgenden Werbeprospekt einer Sprachschule.

II

Busque las informaciones en el prospecto. Marque los cursos correctos en la tabla.
Suchen Sie die Informationen im Prospekt, die Sie benötigen, um folgende Fragen zu beantworten. Kreuzen Sie die entsprechenden Kurse in der Tabelle an.

CURSO	1	2	3	4
a) Bei welchen Kursen gibt es eine Maximalzahl von Schülern?	X			
b) In welchen Kursen lernt man vor allem sprechen?	X	X		
c) In welchen Kursen lernt man vor allem Spanisch für den Beruf?		X	X	
d) In welchen Kursen erfährt man etwas über das heutige Spanien?				X

CURSO 1

Conversación

- Horario: 5 a 6 de la tarde, de lunes a viernes.
- Precio: 7.000 ptas.
- Número máximo de alumnos por clase: 5.

CURSO 2

Correspondencia comercial

- Estudio de cartas, documentos comerciales, jurídicos, etc.
- Horario: 5 a 6 de la tarde, de lunes a viernes.
- Precio: 7.000 ptas.

CURSO 3

Español bancario, financiero y de los negocios

- Curso para directores y empleados de banca, agentes de Bolsa, ejecutivos...
- Horario: 6 a 7 de la tarde, de lunes a viernes.
- Precio: 7.000 ptas.

CURSO 4

La España actual

- Curso sobre los partidos políticos, la economía, las Autonomías, los medios de comunicación, la literatura española actual.
- Horario: 6 a 7 de la tarde, de lunes a viernes.
- Precio: 6.000 ptas.

LERNTIP

Am Ende jeder Lektion können Sie eine Wortschatzsammlung erstellen. Sie soll Ihnen helfen, den neuen Wortschatz individuell und thematisch zu gliedern. So prägen Sie sich die Wörter besser ein, und Sie können außerdem den Wortschatz zu einem Thema übersichtlich und leicht zugänglich wiederholen.
Unten sehen Sie ein Beispiel für die erste Unidad.

12

Palabras, palabras, palabras...
Vervollständigen Sie die Wörtersammlung mit den Begriffen aus der ersten Unidad, die Sie sich merken wollen.

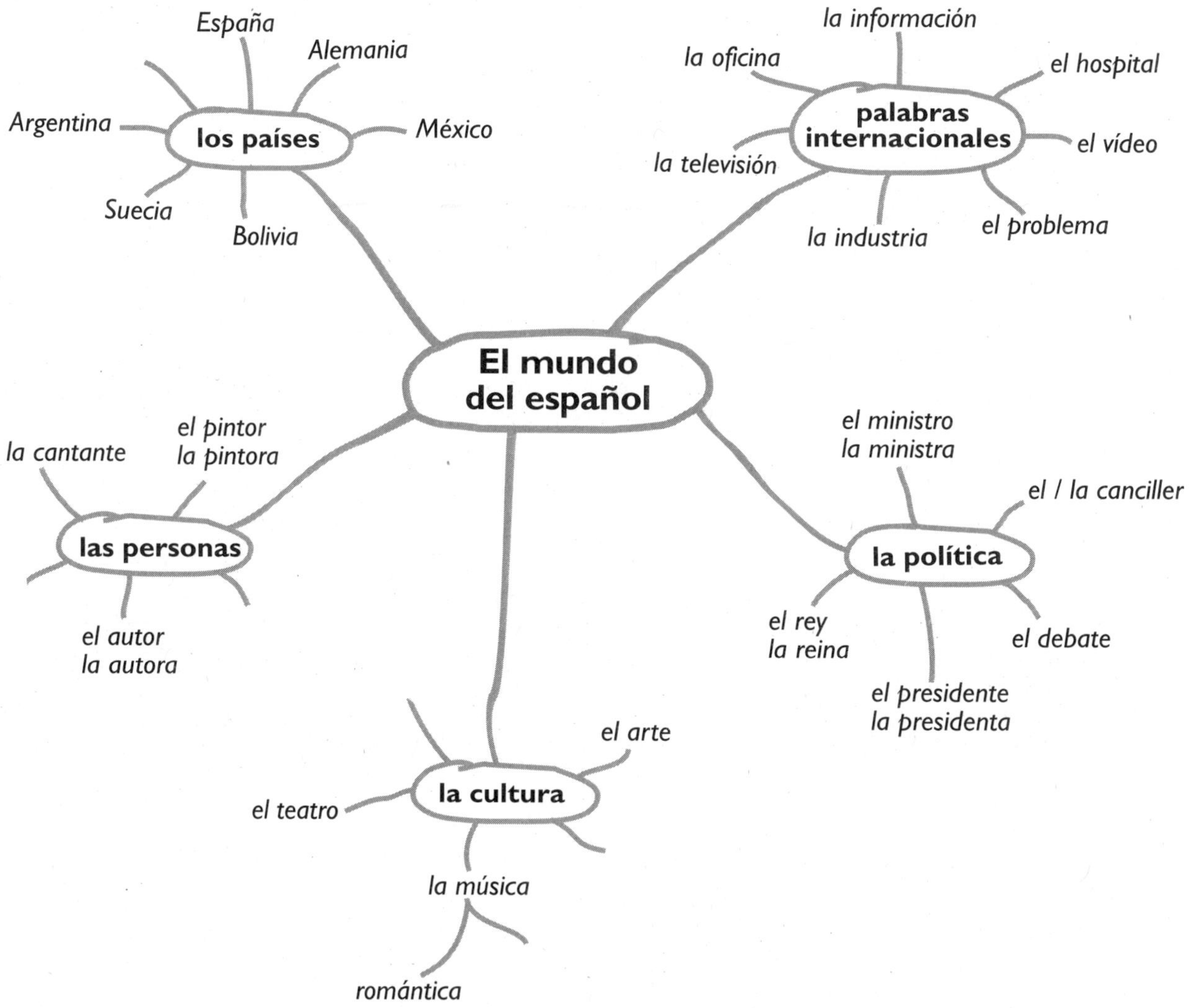

Encuentros

A. Hola y adiós

1

¿Qué dicen?
Diese beiden Leute begrüßen sich. Was sagen sie?

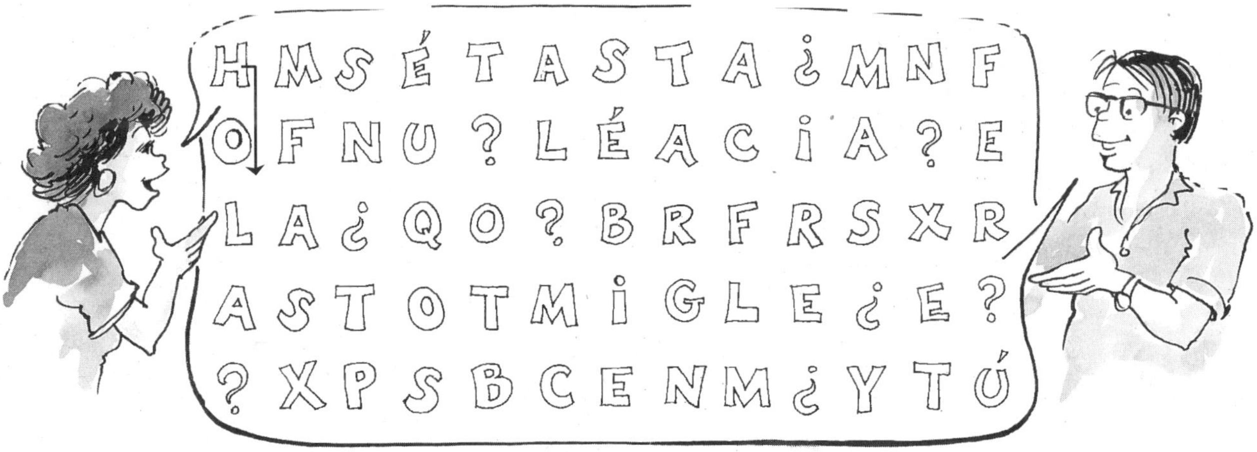

Solución: Hola

2

Ordene el diálogo.
Bringen Sie den Dialog in die richtige Reihenfolge.

No, Teresa soy yo.	• Hola, me llamo F. Tu eres T. ¿verdad?
Claudia.	○ No, Teresa soy yo.
Ah, encantado. Y tú, ¿cómo te llamas?	• Ah, encantado. Y tú, ¿cómo te llamas?
Mucho gusto.	△ Claudia.
Hola, me llamo Francisco. Tú eres Teresa, ¿verdad?	• Mucho gusto.

3

Relacione las preguntas y las respuestas.
Verbinden Sie die Fragen und Antworten.

1. • ¿De dónde eres?	a) ○ No, soy de Valencia.
2. • Hola, Pepa. ¿Qué tal?	b) ○ Verónica López.
3. • ¿Cómo se llama usted?	c) ○ Muy bien, gracias.
4. • Usted es la señora Sánchez, ¿verdad?	d) ○ De Berlín, ¿y tú?
5. • ¿Quién es Alberto?	e) ○ No, me llamo Olga Santos.
6. • ¿Eres de Barcelona?	f) ○ Soy yo.

4

Complete con las formas de *ser*.

1. • ¿Tú _eres_ de Bogotá, Marcela?
   ○ No, _soy_ de Caracas.
2. • Perdón, ¿ustedes _son_ de Madrid?
   ○ No, no, _somos_ de Toledo.
3. • ¿Tú eres Ulrike?
   ○ Sí, _soy_ Ulrike. Y tú, ¿quién _eres_?
4. • ¿_Es_ usted el señor Villanueva?
   ○ No, me llamo Rodríguez.
5. • ¿El señor Rosati _es_ reportero?
   ○ No, _es_ fotógrafo.
6. • ¿James y tú _sóis_ de Londres?
   ○ No, _somos_ de Nueva York.

5

Combine.
Bilden Sie so viele Sätze wie möglich, indem Sie die Elemente der drei Spalten kombinieren.

El Prado	soy	un pintor español.
Juan y Luis	eres	arquitectas.
Carmen y yo	es	un museo interesante.
Tú	somos	una persona famosa.
Usted	sois	fotógrafo, ¿verdad?
El español	son	Inge Schulz?
Picasso		profesores.
Carlos y tú		de Málaga, ¿verdad?
		una lengua románica.

6

Forme diálogos.
Bilden Sie schriftlich verschiedene Dialoge.

7

Complete.
Setzen Sie **el** oder **la** dort ein, wo es nötig ist.

1. • Perdón, ____ señora, ¿es usted ____ señora Aguilar?
   ○ Sí, ____ señor.
2. • ____ señor Garrido es reportero.
   ○ Ah, ¡qué interesante!
3. • Un momento, ____ señora Domínguez.
4. • ¿De dónde es ____ señorita Julia?
   ○ Es de Sevilla.
5. • ____ señora Viñas, ¡teléfono!
   ○ Sí, sí, gracias, un momento.
6. 
   • ____ señor Maldonado... ____ señora García.
   ○ Mucho gusto, ____ señor.
   ▲ Encantado, ____ señora.

8

Complete.
Vervollständigen Sie die Antworten wie im Modell.

1. • ¿Es usted de Roma, señor Marconi?
   ○ *No, no soy de Roma. Soy de Florencia.*
2. • Buenas tardes. Te llamas Juliana, ¿verdad?
   ○ *No,* ____________ *. Me llamo Mari Carmen.*
3. • Los señores Romero son de Salamanca, ¿verdad?
   ○ *No,* ____________________ *. Son de Toledo.*
4. • ¿Patricia y tú sois de Valencia?
   ○ *No,* ____________________ *. Somos de Granada.*

9

En parejas. Pregunte.
Fragen Sie sich gegenseitig, wie die folgenden Wörter auf spanisch heißen und wie man sie schreibt:

Theater

Information

Kranken-
haus

Musik

Zeitung

Land

Sprache

MODELO
• ¿Cómo se dice en español *Theater*?
○ Teatro.
• ¿Cómo se escribe?
○ Te - e - a - te - erre - o.
• Gracias.

B. ¿Y qué hace usted?

10

a) Formule preguntas.
Sehen Sie sich den Text zum Klassenfoto auf S. 21 im Lehrbuch noch einmal an. Versuchen Sie, möglichst viele Fragen zu den einzelnen Personen zu formulieren.

¿Qué hace ___________?
¿Dónde trabaja ___________?
¿Dónde vive ___________?
¿Quién es ___________?
...

b) En parejas. Pregunte y conteste.
Stellen Sie sich gegenseitig die Fragen.

MODELO
- ¿Qué hace Ana?
- Es profesora.

- ¿Quién es cocinero?
- José Luis.

11

Complete con las formas correctas de *estudiar*, *trabajar* y *ser*.

1. • ¿(*Tú*) ___________ en un banco?
   ○ Sí, en el Banco de Santander.
2. • ¿(*Vosotras*) ___________ de Salamanca?
   ○ Patricia sí, pero yo ___________ de Segovia.
3. • Luisa es médica, ¿verdad?
   ○ No, ___________ enfermera, pero ahora ___________ Medicina en la Universidad.
4. • ¿Qué hacen ustedes?
   ○ ___________ en una empresa internacional.
5. • ¿Paco y tú ___________ cocineros, ¿verdad? ¿___________ todavía en el hotel "Imperial"?
   ○ Yo sí, pero Paco ___________ ahora en un restaurante italiano.
6. • ¿Eres profesora?
   ○ Sí, ___________ profesora de matemáticas. ___________ en un Instituto.
7. • Y tú, Maribel, ¿___________ o ___________?
   ○ ___________ Arquitectura.

12

Mire los dibujos y corrija las frases.
Sehen Sie sich die Zeichnungen an und korrigieren Sie die Sätze.

Emilia es dentista. *Emilia no...* ______________________

Manuela es de Madrid. ______________________

Luis habla italiano y alemán. ______________________

El cantante se llama Julio Martínez. ______________________

Los taxistas son de Barcelona. ______________________

Isabel es enfermera. Trabaja en un hospital. ______________________

13

Mire el dibujo.
Sehen Sie sich die Zeichnung 30 Sekunden lang an, decken Sie sie dann zu und schreiben Sie auf, was Sie gesehen haben.

un profesor, **una** fábrica, ...

14

Complete con *un, una, el, la*.

1. • ¿Y qué hace Luis ahora?
   ○ Es cocinero, trabaja en ______ hotel.

2. • Soy enfermera. Trabajo en ______ hospital "San Isidro".

3. Isabel Allende es ______ autora chilena.

4. • Carmen es ______ cantante española, ¿verdad?
   ○ No, es ______ figura central de la ópera "Carmen".

5. • ______ hija mayor de Pepa ya tiene 19 años y estudia en ______ Universidad.
   ○ ¡No me digas!

6. • ¿Tienes ______ número de teléfono de ______ señora Azcárraga?

15

Profesiones.
a) Schreiben Sie in Ihr Heft eine Liste aller Berufe, die Sie kennen.

b) Ordnen Sie die Berufe zu.

Trabaja en una oficina	Tiene contacto con mucha gente	Otros
ingeniero		

16

Una cadena. Pregunte a sus compañeros/-as.
Kettenübung. Entscheiden Sie sich für einen der Berufe bzw. für eines der Studienfächer und fragen Sie sich gegenseitig danach.

MODELO
• ¿Qué hace usted?
○ Soy secretaria. Y usted, ¿qué hace?
▲ Estudio Medicina. ¿Y qué hace usted?
△ Soy...

• ¿Qué haces?
○ Soy secretaria. Y tú, ¿qué haces?
▲ Estudio Medicina. ¿Y tú, qué haces?
△ Soy...

profesor · mecánico · ingeniero · dependienta · Matemáticas
médico · Medicina · Historia · dentista · arquitecto · Geografía

17

¿Qué hacen?
Wissen Sie, welchen Beruf diese Prominenten ausüben? Wenn nicht, fragen Sie Ihre/n Kursleiter/in.

Goya	Aretha Franklin	Paul Bocuse
Sharon Stone	Nelson Mandela	Robert Redford
Doris Dörrie	Rosamunde Pilcher	Antonio Gaudí

18

Escriba las preguntas a las respuestas.
Notieren Sie die entsprechenden Fragen zu den vorgegebenen Antworten.

Tú	Usted	Respuestas
• *¿Cómo te llamas?*	• *¿Cómo se llama usted?*	○ Manuela Castro. ○ Soy secretaria. ○ De Bilbao. ○ En un hospital. ○ Estudio Historia. ○ No, soy Cristina Garro.

19

¿Qué carta corresponde al anuncio?
Sie arbeiten als Schallplattenproduzent/in und haben diese Stellenanzeige aufgegeben. Versehentlich wurden Ihnen auch zwei falsche Bewerbungsschreiben zugeleitet. Welches paßt auf Ihre Anzeige?

Para futuras producciones discográficas se buscan

CANTANTES SOLISTAS Y GRUPOS ESPAÑOLES

con amplio repertorio de canción antigua y moderna

Interesados, enviar maqueta a
Plagiade Comunicación, S.A.
Ctra. Andalucía, km 20, 500,
28320 Pinto, Madrid.
Teléfonos 667 58 37 – 691 85 62

He leído el anuncio en EL PAÍS. Actualmente trabajo como secretaria en la Ópera de Madrid. Hablo y escribo dos lenguas, inglés y francés, y me interesaría trabajar en su empresa.

He estudiado en el Conservatorio de París y he trabajado en la Ópera de Berlín. Además tengo repertorio romántico (Schubert etc.) y también tengo repertorio de canciones españolas.

Soy miembro de un grupo de jóvenes pintores. Me gustaría trabajar como dibujante en su empresa. Domino los estilos antiguo y moderno y tengo bastante experiencia.

C. Y usted, ¿dónde vive?

20

¿Correcto o falso?
Entscheiden Sie, ob diese Aussagen im Hinblick auf den Dialog im Autobus (Lehrbuch S. 23) richtig oder falsch sind.

1. Karin y Monika son turistas. (Correcto / Falso)
2. Viven en Alemania. (C / F)
3. Trabajan en una agencia de viajes. (C / F)
4. Van a pasar cinco días en Buenos Aires. (C / F)
5. Hablan español. (C / F)
6. El señor vive en Posadas. (C / F)
7. Trabaja en una agencia de viajes. (C / F)

21

Ordene los verbos.
Die Knopfkiste ist heruntergefallen. Können Sie helfen, die Knöpfe in die Tabelle einzuordnen?

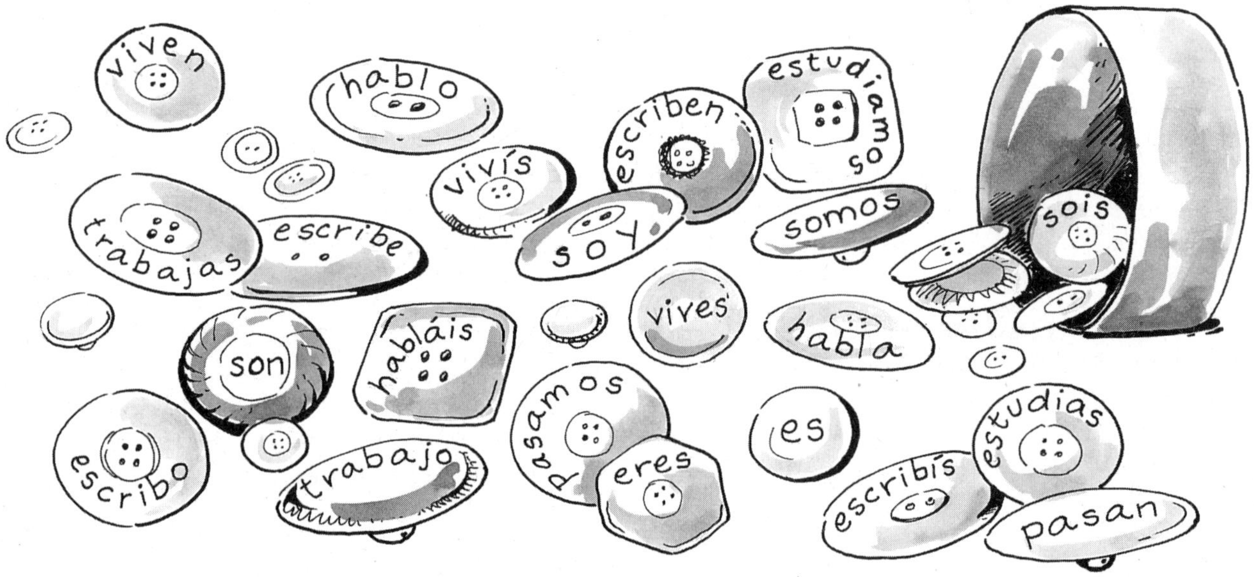

yo	tú	usted, él, ella	nosotros/-as	vosotros/-as	ustedes, ellos, ellas

Lerntip

Sehen Sie sich Ihre Tabelle noch einmal an. Markieren Sie die Buchstaben, die für jede Person charakteristisch sind.
Sie können in Ihrem Heft eine Seite für Verben anlegen. Wählen Sie eines der regelmäßigen Verben mit der Endung *-ar* und eines mit der Endung *-ir* aus und tragen Sie es mit allen Formen dort ein. Wo sind die Unterschiede? Ergänzen Sie die Seite, wenn Sie ein neues Verb kennenlernen. Ihr/e Kursleiter/in hilft Ihnen.

22

Relacione.
Ordnen Sie zu. Erkennen Sie die Sprachen?

Buenos días	italiano
Good morning	francés
Bonjour	español
Goddag	alemán
Buongiorno	holandés
Guten Tag	portugués
Bom dia	sueco
Goedendag	inglés

23

Relacione y complete.
Die Taxifahrer melden sich mit ihrer Wagennummer in der Zentrale. Ergänzen Sie Städte und die Wagennummern in Worten.

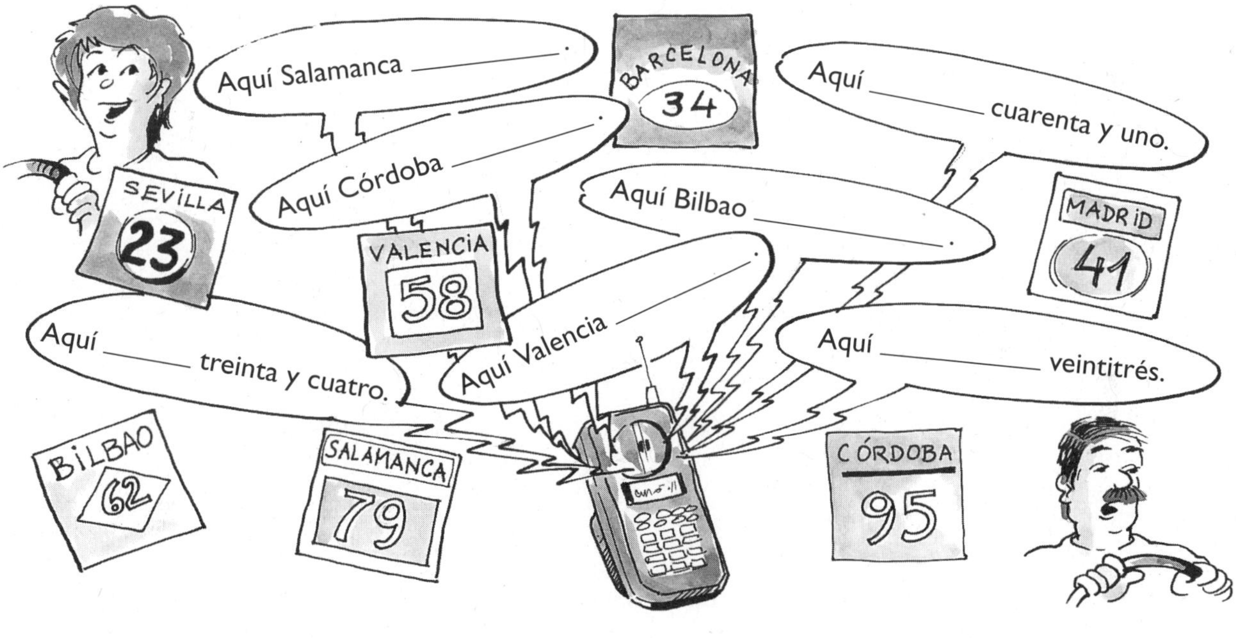

24

¿Qué número falta?
Die Summe der drei horizontalen Zahlen in einem Kästchen ist immer die gleiche. Lesen Sie die Zahlen vor und ergänzen Sie die fehlende Zahl.

25	2	13
19	?	6
12	17	11

44	6	30
9	?	34
54	4	22

81	2	17
65	?	25
28	15	57

23	14	13
4	?	29
11	18	21

25

Pregunte.
Stellen Sie den Personen auf den Fotos Fragen anhand der deutschen Vorgabe. Fragen Sie,

1. wie sie heißen.
2. was sie beruflich machen.
3. ob sie studieren oder arbeiten.
4. wo sie arbeiten.

1. wie es ihnen geht.
2. ob sie Lehrer sind.
3. woher sie sind.
4. ob sie Isabel und Alberto Santos sind.

26

Palabras, palabras, palabras...
Ergänzen Sie die Wörtersammlung mit Wörtern und Ausdrücken aus dieser Unidad, die Sie sich merken wollen.

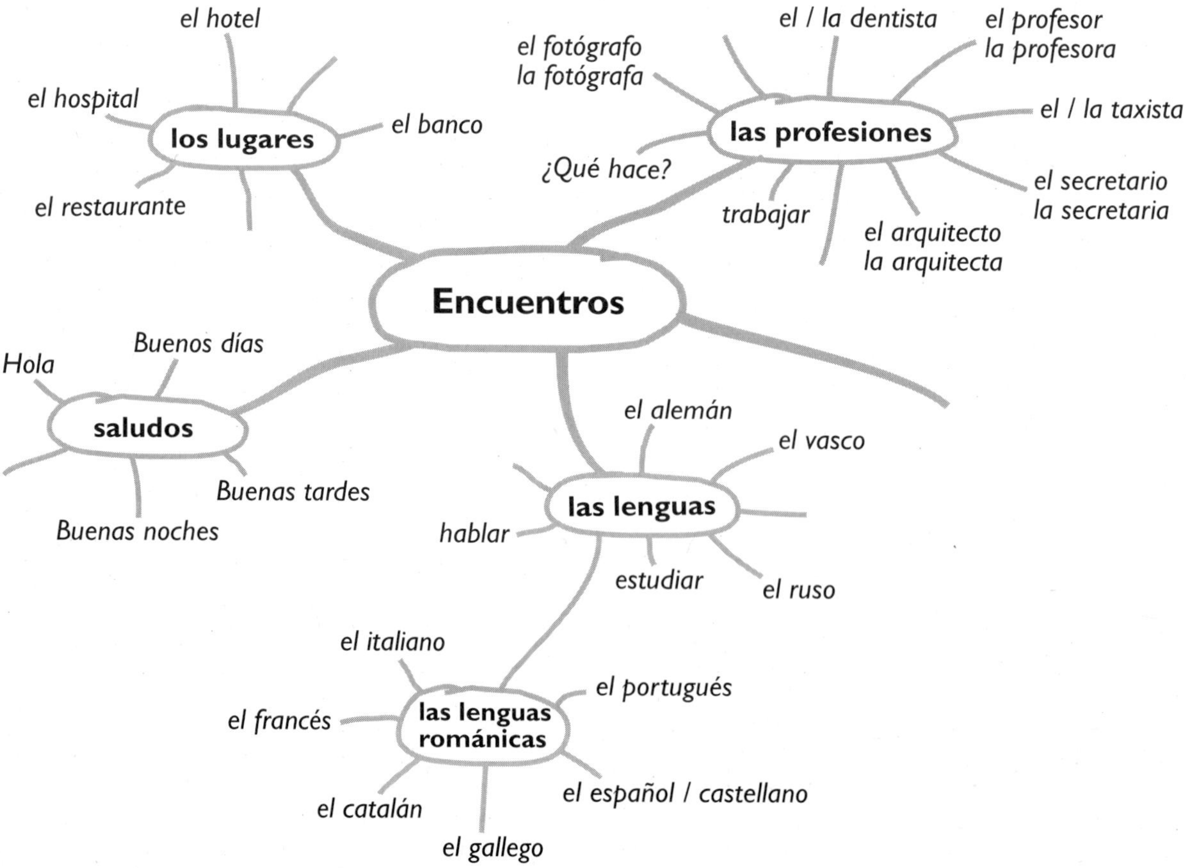

Ciudades y pueblos

A. Hay de todo

1

Rellene los letreros.
Füllen Sie die Schilder aus.

2

Complete las frases.
Ergänzen Sie die Sätze. Sie können die Texte über Mexiko und Casares (Lehrbuch S. 28) zu Rate ziehen.

1. México D. F. tiene unos 20 millones de ____________________.
2. La ____________________ de Casares es tranquila y simpática.
3. En Casares no hay problemas de ____________________.
4. Casares está a 60 kms de las ____________________ de Marbella.
5. México D. F. es una ciudad fantástica, pero hay mucha ____________________.

3

¿Qué palabra no corresponde?
Welches Wort paßt nicht in die Reihe?

1. autopista – carretera – avenida – aeropuerto
2. teatro – museo – cine – mundo
3. ciudad – gente – lugar – pueblo
4. teléfono – contaminación – fábrica – industria
5. restaurante – discoteca – fábrica – bar
6. fantástico – simpático – blanco – ideal

4

Combine.
Bilden Sie sinnvolle Kombinationen mit den Wörtern der drei Spalten. Achten Sie darauf, die Endungen der Adjektive anzugleichen.

- un
- una
- poco / poca / pocos / pocas
- mucho / mucha / muchos / muchas

- pueblo
- bancos
- pintor
- amigas
- lengua
- lugar
- gente
- oficinas
- museos
- restaurante

- bonito
- pequeño
- grande
- moderno
- interesante
- inteligente
- simpático
- fantástico
- difícil
- tranquilo

MODELO muchas oficinas modernas

5

Una postal.
Julias Karte aus dem Urlaub entspricht nicht ganz der Realität. Suchen Sie die Unterschiede und sagen Sie, was nicht stimmt.

MODELO No es un pueblo pequeño, es una ciudad.

6

Escriba la postal de Julia.
Versetzen Sie sich in Julias Situation und schreiben Sie auf, wie der Ferienort wirklich aussieht.

B. ¿Para ir a...?

7

¿Hay o está?

1. Perdone, ¿dónde ______ el estadio de fútbol?
2. ¿______ un centro comercial por aquí?
3. Por favor, ¿dónde ______ el hospital "El Rocío"?
4. ¿Sabe usted dónde ______ un aparcamiento?
5. Oiga, ¿dónde ______ la Oficina de Información y Turismo?
6. ¿______ una farmacia cerca de aquí?
7. Perdone, ¿dónde ______ la calle Bolívar?

8

¿Qué dicen?
Was sagen die beiden Personen? Setzen Sie die Fragmente zusammen.

• ____

○ ____

____

9

¿Dónde está el sol? Dibuje.
Wo ist die Sonne? Lesen Sie die Sätze und zeichnen Sie die Sonne an die richtige Stelle.

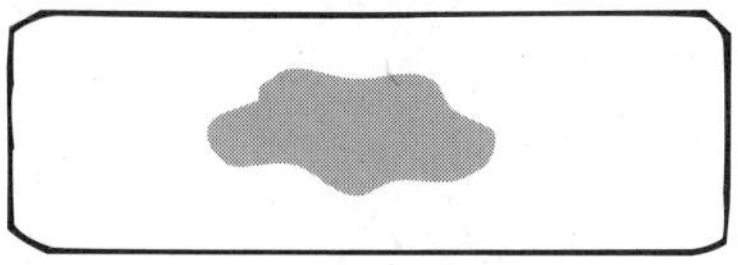

1. El sol está detrás de la nube.

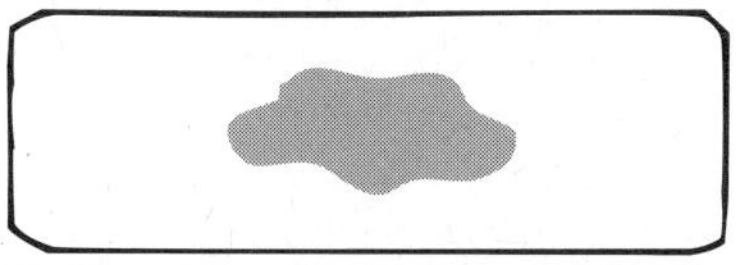

3. El sol está a la izquierda de la nube.

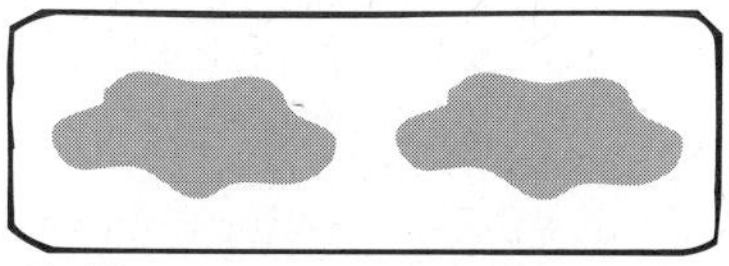

5. El sol está entre dos nubes.

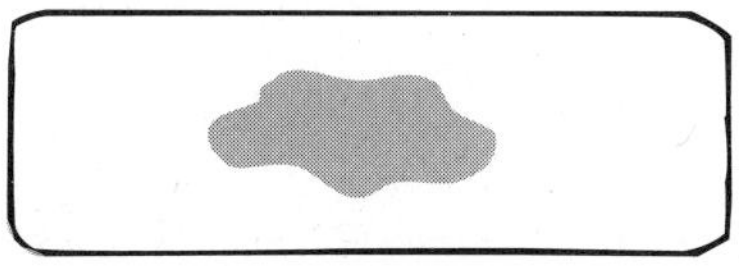

2. El sol está a la derecha de la nube.

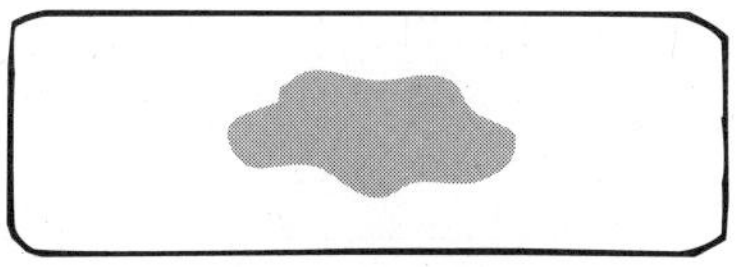

4. El sol está en la nube.

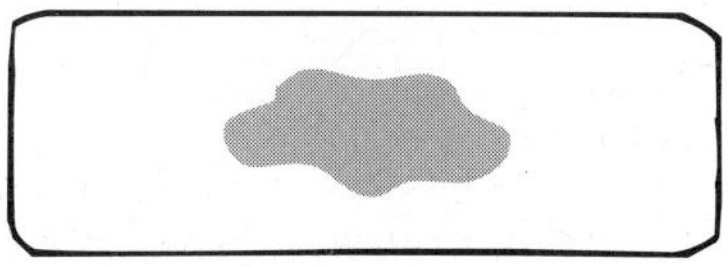

6. El sol está lejos de la nube.

10

a) ¿Correcto o falso?
Richtig oder falsch? Vergleichen Sie die Aussagen mit dem Plan und berichtigen Sie dann die falschen Angaben.

1. Correos está cerca del aparcamiento. (C / F)
2. La farmacia está al lado del banco. (C / F)
3. Enfrente de la universidad hay una estación de metro. (C / F)
4. La parada de autobús* está en la plaza. (C / F)
5. Entre el cine y la plaza hay un restaurante. (C / F)

* *Bushaltestelle*

b) *¿Un/una o el/la?*
Complete los diálogos con la ayuda del plano.

1. • ¿Dónde está ______________?
   ○ Está enfrente de Correos.
2. • ¿Dónde hay ______________?
   ○ Hay una al lado del banco.
3. • ¿Dónde está ______________?
   ○ En la Plaza de las Flores, al lado de la biblioteca.
4. • Perdone, ¿sabe usted si hay un hotel por aquí?
   ○ Sí, ______________ está cerca, en la Plaza de las Flores.
5. • ¿Dónde está ______________?
   ○ Enfrente de la Ópera.
6. • ¿Dónde está el Café Central?
   ○ Entre ______________ y ______________.

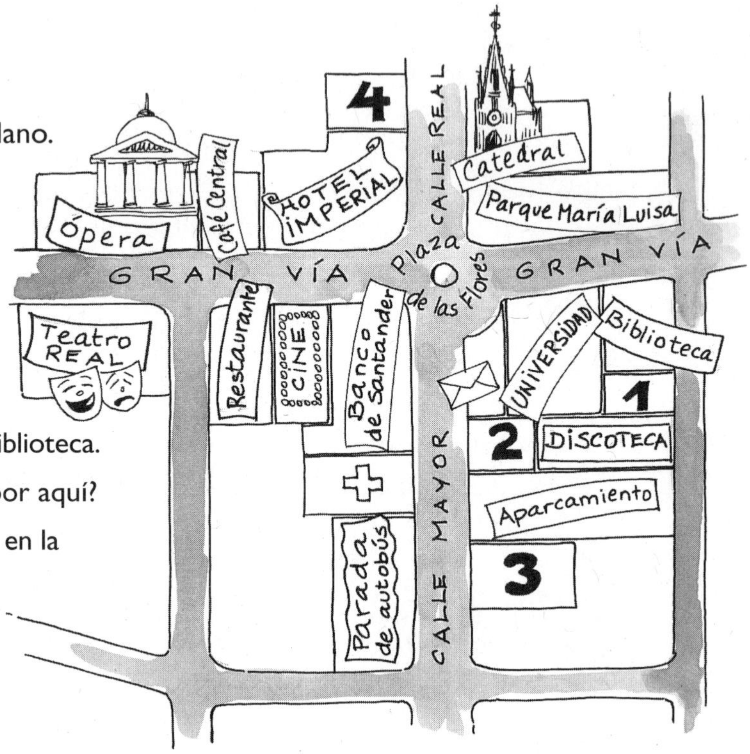

11

a) Mire otra vez el plano del ejercicio 10.
Sehen Sie sich noch einmal den Stadtplan von Übung 10 an. Vier Gebäude tragen eine Nummer. Tragen Sie an die Stelle der Zahlen ein Krankenhaus, ein Museum, einen Supermarkt und eine Fabrik in beliebiger Reihenfolge ein.

b) Finden Sie heraus, welche Gebäude den vier Zahlen im Plan Ihres Nachbarn/Ihrer Nachbarin entsprechen, und schreiben Sie die Lösungen auf.

MODELO
• ¿Dónde está el hospital?
○ En la Calle Real, enfrente de la catedral.
• ¿Es el número 4?
○ Sí.

1. ______________ 3. ______________
2. ______________ 4. ______________

12

Complete.
Ergänzen Sie die passenden Formen von **ir**.

1. • ¿Adónde ________ ustedes?
   ○ ________ a la biblioteca.
2. • ¿Vosotros ________ a la discoteca?
   ○ No, yo ________ al restaurante y María ________ al cine.
3. • Paco, ¿________ al centro?
   ○ No, ________ al parque.
4. • Señor García, ________ a Salamanca hoy?
   ○ Hoy no, ________ mañana.

13

Combine.
Bilden Sie aus den Elementen sinnvolle Sätze.

Para ir de / del / de la

museo / Ópera / estación / Correos / biblioteca / Barcelona / Hotel Central

a / al / a la

Universidad / supermercado / discoteca / aeropuerto / Mallorca / playa / hospital

tiene que tomar / hay que tomar / tienes que tomar

14

Describa el camino.
Beschreiben Sie Ihrem Nachbarn / Ihrer Nachbarin den Weg.

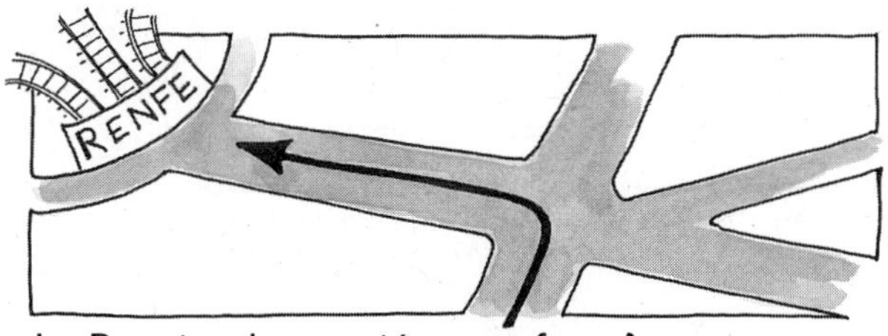

1. ¿Para ir a la estación, por favor?

3. ¿Para ir a la biblioteca, por favor?

2. ¿Para ir a Correos, por favor?

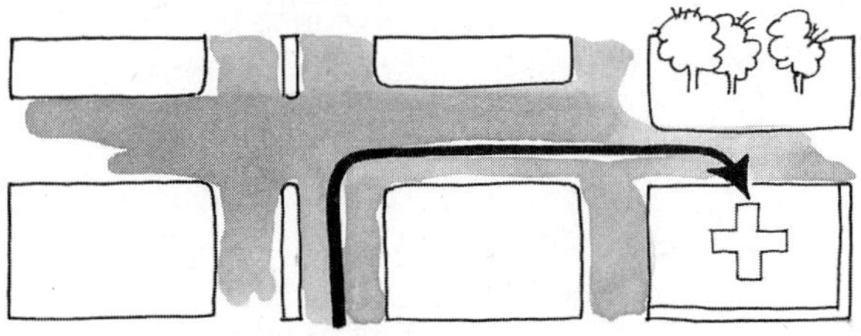

4. ¿Para ir al Hospital "San Lázaro", por favor?

MODELO • ¿Para ir a la estación, por favor?
○ Tiene que tomar la primera calle a la izquierda y seguir hasta la estación.

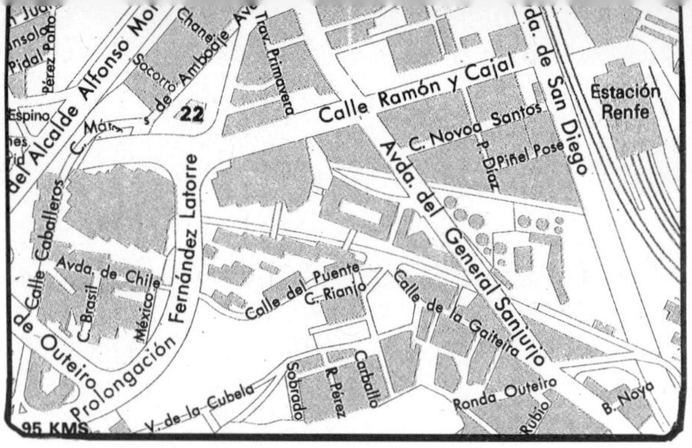

15

¿Para llegar a tu casa?
Sie sind mit dem Zug in La Coruña angekommen. Ihr Freund Álvaro erklärt Ihnen telefonisch den Weg zu seinem Haus. Hören Sie die Cassette und zeichnen Sie den Weg auf dem Plan ein.

16

Una nota.
Ihr Kurs hat spontan beschlossen, den Spanischunterricht heute in das nächste spanische Restaurant zu verlegen. Hinterlassen Sie im Unterrichtsraum eine Nachricht, damit verspätete Kursteilnehmer/innen nachkommen können.

C. Madrid me gusta

17

Reconstruya esta carta.
Erinnern Sie sich an den Leserbrief über Madrid? Eine Leserin ist damit nicht einverstanden und hat diesen Brief geschrieben. Setzen Sie ihn zusammen.

Señor director:
¿Qué pasa con el señor Delgado? El tráfico y el ruido

es negativa, claro, pero hay

son elementos normales en una ciudad

grandes. ¡Y los parques no son pocos! Además,

de tres millones de habitantes. La criminalidad

es realmente una ciudad

criminalidad en todas las ciudades

el Parque del Retiro es enorme y me encanta. Madrid

fantástica.
Atentamente,
Maribel Donoso.

18

Complete.
Was gefällt Ihnen, was nicht? Ergänzen Sie die Sätze mit den genannten Beispielen oder mit eigenen.

museos Ópera cine televisión galerías de arte

vivir en el centro RUIDO estudiar español tango

casas antiguas música rock música clásica restaurantes italianos

política trabajar edificios modernos

Me gusta *la música rock* ______
Me gustan ______
No me gusta ______
No me gustan ______
Me encanta ______

Me encantan ______
Me interesa ______
Me interesan ______
No me interesa ______
No me interesan ______

19

Lea y complete.
Lesen Sie den Text und setzen Sie mit Hilfe der unten angegebenen Zahlen die fehlenden Angaben in Ziffern ein.

Alemania en cifras

Aquí hay algunos datos interesantes sobre Alemania:
En Alemania hay 1)______ matrimonios*. En las universidades estudian 2)______ estudiantes. El número de pensionistas es 3)______. Alemania tiene 4)______ kilómetros de carreteras. Cada año** hay 5)______ accidentes de trabajo***.

1) cuatrocientos treinta y cinco mil setecientos ochenta y nueve
2) un millón setecientos noventa y ocho mil seiscientos
3) diecinueve millones trescientos cuatro mil treinta y dos
4) doscientos quince mil trescientos
5) un millón seiscientos setenta mil

**Eheschließungen* ***jedes Jahr* ****Arbeitsunfälle*

20

a) ¿Correcto o falso? Escuche la casete.
Hier sehen Sie die Einwohnerzahl einiger spanischer Provinzen. Die hier angegebenen Zahlen sind korrekt. Von der Cassette hören Sie aber Angaben, die es zu überprüfen gilt. Welche sind richtig, welche falsch?

b) Complete.
Sehen Sie sich die Einwohnerzahlen noch einmal an und ergänzen Sie die Namen der jeweiligen Provinzen.

1. ________ tiene dos millones ciento veintitrés mil setecientos treinta y nueve habitantes.
2. ________ tiene setecientos noventa y siete mil novecientos cuatro habitantes.
3. ________ tiene un millón doscientos dieciséis mil seiscientos noventa y dos habitantes.
4. ________ tiene un millón ciento treinta y cuatro mil ochocientos veintiséis habitantes.
5. ________ tiene ochocientos treinta y cinco mil novecientos ochenta habitantes.
6. ________ tiene un millón quinientos cincuenta y cuatro mil cuatrocientos noventa habitantes.
7. ________ tiene un millón ciento ochenta y dos mil novecientos cuarenta habitantes.
8. ________ tiene cuatro millones setecientos diecinueve mil doscientos veintiún habitantes.
9. ________ tiene cuatrocientos ochenta y ocho mil setecientos ochenta y ocho habitantes.
10. ________ tiene cuatro millones ochocientos noventa y tres mil setecientos diecisiete habitantes.

21

Escuche y complete
Hören Sie den Text „España en cifras“ noch einmal und ergänzen Sie die Zahlen.

Seguramente* usted no sabe que en España viven ________ pensionistas con más de 100 años.

Hay ________ teléfonos, ________ televisores y ________ coches por cada 1.000 habitantes.

España tiene ________ kilómetros de costa y ________ kilómetros de autopista.

Hay ________ bares, ________ restaurantes, ________ cines y ________ bibliotecas.

________ españoles son médicos y ________ estudian en la Universidad.

* *sicherlich*

22

Busque lo contrario.
Können Sie aus diesen Wörtern acht Gegensatzpaare bilden?

rico | grande | negativo | ruido | pobre | cerca | moderno | poco | lejos | pequeño | tranquilidad | aquí | antiguo | positivo | allí | mucho

1. ______________________
2. ______________________
3. ______________________
4. ______________________
5. ______________________
6. ______________________
7. ______________________
8. ______________________

23

Busque preguntas adecuadas.
Suchen Sie passende Fragen. Es gibt viele Möglichkeiten.

1. • ______________________
   ○ Está en la Plaza de España, al lado del teatro.
2. • ______________________
   ○ Sí, hay una en la esquina Calle Mayor/Avenida del Castillo.
3. • ______________________
   ○ No sé, no soy de aquí.
4. • ______________________
   ○ Tiene que seguir todo recto hasta el semáforo y allí torcer a la izquierda.
5. • ______________________
   ○ Aquí no, pero en la Calle de Cervantes sí.

Lerntip

Sehen Sie sich die folgenden Wörter an. Welchen deutschen Wörtern entsprechen sie? Welche Regelmäßigkeit fällt Ihnen auf?

estrés – especial – estadio – estación – estudiante – español – España – Estocolmo – Estrasburgo – Escandinavia

24

Palabras, palabras, palabras…
Ergänzen Sie diese Wörtersammlung mit den Begriffen aus der Unidad, die Sie sich merken wollen.

Revuelto

Die „Revueltos“ sind Wiederholungslektionen, daher finden Sie im Lehrbuch keine Verweise auf die Übungen im Arbeitsbuch. Sie können sie ausführen, nachdem Sie die Aufgaben im Lehrbuch durchgearbeitet haben.

1

Relacione las preguntas con las respuestas.

1. • ¿Qué tal?
2. • ¿Quién es?
3. • ¿Dónde viven?
4. • ¿Cómo te llamas?
5. • ¿Adónde vas?
6. • ¿Dónde hay una biblioteca?

a) ○ Al cine.
b) ○ En una ciudad grande.
c) ○ Muy bien, gracias.
d) ○ Una cantante famosa.
e) ○ Gerardo González.
f) ○ En el centro, al lado de Correos.

2

Ordene la palabras.
Ordnen Sie die Wörter den beiden Themenbereichen zu und ergänzen Sie den Artikel.

farmacia
aparcamiento
taxista
catedral
estudiante
ingeniera
Universidad
museo
teatro
~~profesor~~
estación
~~fábrica~~
fotógrafo
dentista
cantante
pintora
reportera

profesiones	
el	la
el professor	

lugares	
el	la
	la fábrica

3

a) Combine los nombres y las direcciones y rellene los sobres.
Kombinieren Sie die Namen und Adressen und beschriften Sie die Umschläge.

Olga Sánchez
Hector Luján Jimeno
Santiago Escobar
Laura Castro Iglesias
Margarita Saura Lorente

C/Roger de Flor, 350
Avda. Principal, 45
Pl. Real, 18
Gran Vía, 56
C/ de la Constitución, 89

08013 Barcelona
48116 San Sebastián
Caracas, Venezuela
35010 Las Palmas de Gran Canaria
San José, 1000 Costa Rica

b) Lesen Sie nun vor, an wen und wohin Sie die Briefe adressiert haben.

4

a) Escriba preguntas.
Schreiben Sie möglichst viele Fragen auf, die sich auf den Text über Juan Mari Arzak beziehen.

¿Dónde está el restaurante Arzak?

¿Cómo ____________________?

¿Quién ____________________?

¿Cuántas ____________________?

¿Cuántos ____________________?

¿Qué ____________________?

¿Por qué ____________________?

b) Sehen Sie sich die Fragen noch einmal an. Erinnern Sie sich noch an die Regeln zur Akzentsetzung im Spanischen? Wenn nicht, schauen Sie noch einmal im Lehrbuch auf S. 14 nach. Können Sie die Regel erweitern?

____________________ *tragen immer einen Akzent.*

5

a) En parejas. ¿Cuál es su dibujo?
Zu zweit. Wählen Sie eine Zeichnung aus, ohne zu sagen, welche. Fragen Sie nach den Gegenständen, um herauszufinden, welche Zeichnung Ihr/e Nachbar/in gewählt hat.

MODELO
- ¿Tienes una bicicleta?
- ○ Sí / No. Y tú, ¿tienes una radio?
- Sí / No.

b) Wählen Sie nun beide gemeinsam eine Zeichnung und verfahren Sie genauso mit einer anderen Zweiergruppe.

MODELO
- ¿Tenéis un...?
- ○ No, no tenemos. Y vosotros/-as, ¿tenéis...?

6

Relacione.
Ordnen Sie die Verbformen den entsprechenden Personen zu.

estamos
escuchamos
cenas
tengo
eres
viene
habláis
escribís
son
voy
estoy
estudio
van

yo	tú	usted, él, ella	nosotros / nosotras	vosotros / vosotras	ustedes, ellos, ellas

7

Combine.
Wie viele Sätze können Sie aus diesen Elementen in 3 Minuten bilden?

Carmen Pedro Los señores López Juan y María Tú Nosotros Yo Vosotros	ir a venir de	el teatro la biblioteca el museo el mercado el hospital el concierto la clase el restaurante

8

El precio exacto. Escuche este juego de la radio.
Hören Sie ein Ratespiel aus dem Radio, bei dem es darum geht, den Preis eines Gegenstandes möglichst genau zu schätzen. Tragen Sie die Schätzungen der Kandidaten in die Tabelle ein.

	Radio 	Televisor 	Coche 
Matilde			
Concha			
Ramón			
Precio real			

9

a) ¿Quiénes son? Complete el cuadro.

Ramona tiene 29 años. La profesora se llama Teresa. Una persona es secretaria y vive en Burgos. Teresa y Octavio viven en León. Una persona tiene 42 años. El ingeniero tiene 35 años.

Nombre	Profesión	Edad	Vive en

b) Explique el resultado a sus compañeros/-as.

MODELO • Ramona es..., tiene... años y vive en...

10

a) ¿Cómo se pronuncia?
Erinnern Sie sich an die Betonungsregeln? Suchen Sie im Text über Lateinamerika (Lehrbuch S. 44) Beispiele für jede Spalte.

letzte Silbe betont □ □ ■	vorletzte Silbe betont □ ■ □	drittletzte Silbe betont ■ □ □
señor *portugués*	*puma* *ejemplo*	*México*

b) Welche anderen Wörter können Sie den drei Spalten in fünf Minuten zuordnen?

11

Me gusta ist ein hilfreicher Ausdruck. Wie sagen Sie,

- daß Sie gern ins Kino gehen?
- daß Sie das Theater mögen?
- daß Ihnen Tomaten (*los tomates*) schmecken?
- daß Ihnen spanische Musik gefällt?

LERNTIP

Hier ist eine Reihe von beliebigen Wörtern. Betrachten Sie sie eine Minute lang. Schließen Sie dann das Buch und schreiben Sie alle auf, die Sie behalten haben.

semana	escribir	izquierda	ser	concierto
jefe	dentista	Correos	número	¡qué lástima!
estación	empresa	pueblo	aquí	escuchar
palabra	pero	ruido	mayúscula	¿verdad?
amigo	árbol	gente		

Vergleichen Sie anschließend Ihre Liste mit den Wörtern und überl
Wie haben Sie sich die Wörter gemerkt?

- der Reihe nach?
- alphabetisch?
- nach Themen/Inhalt?
- anders?
- Haben Sie sich die Dinge bildlich vorgestellt?

Man kann sich Wörter auf unterschiedliche Art und Weise merken. Hilfreich ist es immer, wenn man sie in irgendeiner Weise ordnet. Dadurch wird im Gedächtnis zwischen den einzelnen Wörtern eine Art Verbindungsnetz aufgebaut, so daß ein Wort die Erinnerung an ein anderes fast automatisch hervorruft.
Ein Ordnen nach inhaltlichen Gesichtspunkten führt bei den meisten Menschen zum besten Behalten. Versuchen Sie, diese Technik anzuwenden, wenn Sie Vokabeln lernen.

¡Ya sabe algo! – Un pequeño test

1

Busque la respuesta adecuada.
Suchen Sie unter den drei Antworten die jeweils passende.

1. ¿Cómo está usted?
   a) Mucho gusto.
   b) Está en la Plaza Mayor.
   c) Regular.

2. ¿Qué haces?
   a) Soy enfermera.
   b) Es profesor.
   c) Trabaja en un banco.

3. ¿Vas al centro?
   a) No, en coche.
   b) No, al parque.
   c) Sí, van al centro.

4. ¿Es usted la señora Gallardo?
   a) No, es la señora López.
   b) Encantado.
   c) No, me llamo Romero.

5. ¿De dónde sois?
   a) Soy mecánico.
   b) Yo de Burgos y ella de Valencia.
   c) Son de Murcia.

6. ¿Cómo te llamas?
   a) María Teresa.
   b) Se llama Juan.
   c) Es María José.

2

¿Tú o usted?
Geben Sie an, ob sich diese Personen duzen oder siezen.

1. • ¿Vivís todavía en el centro? (Tú / Usted)
2. • Buenas tardes, señores. (Tú / Usted)
3. • ¿Cómo estás? (Tú / Usted)
4. • ¿Tiene teléfono? (Tú / Usted)
5. • ¿Y qué hacen?
   ○ Somos secretarias. (Tú / Usted)
6. • ¿Van al cine?
   ○ No, al teatro. (Tú / Usted)

3

Busque lo contrario.
Wie lautet das Gegenteil?

1. grande ______________________
2. a la derecha ______________________
3. poco ______________________
4. delante de ______________________
5. cerca ______________________
6. rico ______________________

4

Complete con los verbos correctos.

1. ¿Sabe usted si _____ una parada de metro cerca?
2. La estación no _____ lejos, _____ detrás de la catedral.
3. ¿_____ una cabina de teléfonos por aquí?
4. ¿Dónde _____ el Café Goya?
5. En la Costa Brava _____ muchos turistas.
6. ¿La Plaza de Armas? _____ muy cerca, allí enfrente.
7. Perdón, ¿_____ un autobús para ir al centro?

5

Escriba las palabras.
Schreiben Sie die hier buchstabierten Wörter auf.

1. ere, e, pe, o, erre, te, a, jota, e. ____________
2. erre, e, i griega, e, ese. ____________
3. ge, u, e, erre doble, i, elle, a. ____________
4. jota, e, efe, e. ____________

6

Escriba las cifras en palabras.
Schreiben Sie die Ziffern aus.

1. *6.785* ____________
2. *555* ____________
3. *701* ____________
4. *978* ____________
5. *100* ____________
6. *135* ____________

7

Complete con los verbos correctos.

Isabel y Mario ____________ en una fábrica de coches. ____________ una empresa grande y moderna con 120 empleados. ____________ en Sevilla, en la Avenida María Luisa. Isabel ____________ secretaria y ____________ tres lenguas. Mario ____________ en el departamento de personal. Los dos ____________ en una casa pequeña en el centro. ____________ a pie al trabajo, porque no ____________ lejos.

8

Complete con *a*, *de* y *en*.

1. Yo vivo _____ Madrid, pero soy _____ Santander.
2. Torrevieja es un pueblo pequeño _____ Andalucía. No hay problemas _____ tráfico.
3. Pilar va _____ trabajo _____ coche; Roberto va _____ pie.
4. ¿Vamos mañana _____ la Ópera?
5. ¿Para ir _____ la estación? Tiene que tomar la primera calle _____ la derecha y seguir todo recto. La estación está _____ la Plaza de las Flores.

¡Que aproveche!

A. ¿Algo más?

1

¿Dónde puede usted comprar estos productos?
Wo können Sie diese Produkte kaufen?

1. mandarinas y melones En una ____________
2. sardinas y calamares ____________
3. tomates y champiñones ____________
4. filete ____________
5. jamón ____________
6. pan ____________

2

¿Correcto o falso? Escuche otra vez los diálogos en el mercado.
Erinnern Sie sich noch an die Einkaufsgespräche im Lehrbuch, S. 46? Kreuzen Sie an.

1. El señor quiere tomates verdes. (C / F)
2. El señor compra un kilo de mandarinas. (C / F)
3. La señora desea queso manchego. (C / F)
4. Compra medio kilo. (C / F)
5. El señor quiere una lata pequeña de aceite. (C / F)
6. La lata pequeña cuesta 620 pesetas. (C / F)

3

Complete el diálogo con las formas de *querer* y *tener*.
Vervollständigen Sie den Dialog mit den Formen von **querer** und **tener**.

- Buenas tardes, (*nosotros*) ____________ aceite de oliva.
- ○ Muy bien, ¿de qué marca[1] lo ____________ ustedes?
- ¿Qué marcas ____________ usted?
- ○ Tenemos Catastrofix y Apestoil.
- Pues, déme una lata de Apestoil, por favor. Antonio, ¿tú ____________ algo más?
- △ ¿Yo? Ah, sí, claro. ____________ una lata de sardinas, pero en salsa[2] de tomate.

1) *Marke* 2) *Soße*

4

Complete.
Vervollständigen Sie diesen Einkaufszettel.

una lata
una botella
un paquete
una bolsa
una caja
una barra

de pan
de galletas
de agua mineral
de mantequilla
de tomates
de bombones

5

a) ¿Qué productos puede comprar en estos envases?
Notieren Sie, welche Produkte Sie in diesen Verpackungen kaufen können.

b) Compare con su compañero/-a.

6

a) Conteste y lea los precios en voz alta.
Beantworten Sie die Fragen. (Sie müssen ein wenig rechnen.)

1. ¿Cuánto cuesta medio kilo de mandarinas?
2. ¿Cuánto cuestan tres barras de pan?
3. ¿Cuánto cuestan 100 g de jamón?
4. ¿Cuánto cuestan dos botellas de leche?
5. ¿Y un cuarto de queso manchego?
6. ¿Y un kilo y medio de tomates?

b) En parejas. ¿Cuánto es?
Kaufen Sie jeweils zwei der angegebenen Produkte. Ihr/e Nachbar/in nennt den Preis.

MODELO
- Déme un kilo de tomates y dos barras de pan.
- ○ Son 920 pesetas.

7

¿Qué ingredientes necesita usted para esta cena?
Sie möchten ein lateinamerikanisches Essen für zwei Personen zubereiten. Hier haben Sie die Zutaten für ein Gericht aus Kolumbien und eine Nachspeise aus Puerto Rico. Allerdings sind die Mengenangaben für sechs bzw. vier Personen angegeben. Schreiben Sie auf, was Sie für zwei Personen einkaufen müssen.

8

Complete con *lo*, *la*, *los*, *las*.

1. • ¿Cómo quieren el té? ¿Con limón?
   ○ Yo sí.
   △ Pues yo ______ quiero con leche.
2. • Vosotros compráis las patatas, ¿verdad?
   ○ Sí, ______ compramos nosotros, y los tomates también.
3. • La cerveza, ¿cómo ______ quiere? ¿En lata o en botella?
   ○ En botella, por favor.
4. • ¿Compramos los tomates aquí?
   ○ No, son muy caros. ______ compramos en el supermercado.
5. • ¿Cómo quiere el melón? ¿Maduro*?
   ○ No, ______ prefiero un poco verde.
6. • Pero, ¿tenemos la leche?
   ○ Pues yo no ______ tengo. ¿______ tienes tú, Isabel?
   △ Sí, sí, ______ tengo yo.

* *reif*

9

Relacione.
Verbinden Sie.

Los tomates El queso Las botellas La caja de galletas La carta	no	la lo los las	escribo mañana. pago yo. compro en el quiosco. quiero verdes. compro en el supermercado.

10

¿Cómo se dice en español? Complete el diálogo.

Sie fragen in einem Geschäft, ob sie Käse aus der Mancha führen.

- ______________________________
- ○ Lo siento, manchego no tenemos. Pero tenemos un camembert excelente.

Sie mögen keinen Camembert und entscheiden sich für 250 Gramm Schinken.

- ______________________________
- ○ Aquí lo tiene. ¿Algo más?

Sie möchten außerdem noch 1/2 Kilo Tomaten und 2 Kilo Äpfel.

- ______________________________
- ○ ¿Las manzanas las quiere verdes o rojas?

Sie wollen rote Äpfel und fragen, was alles zusammen kostet.

- ______________________________
- ○ Son 2.800 pesetas.

11

¿Qué hay ahora en su nevera?
Was haben Sie zur Zeit im Kühlschrank? Machen Sie eine Liste, und besprechen Sie sich mit Ihrem Nachbarn/Ihrer Nachbarin, ob Sie mit den Lebensmitteln etwas zusammen zubereiten können.

B. ¿Qué tal el pescado?

12

Complete el menú.

vino tinto
sopa de la casa
helado de vainilla
champán
pollo con gambas
sorbete de limón
calamares fritos
cerveza
tortilla española
merluza a la plancha
agua mineral
filete con arroz
fresas frescas

Entradas	Carne y pescado	Postres	Bebidas

13

¿Qué toman ustedes?
Geben Sie mit Hilfe dieser Ausdrücke Bestellungen auf.

14

Escuche los siguientes diálogos y complete el cuadro.
Hören Sie die folgenden Dialoge im Restaurant und schreiben Sie auf, was die Leute bestellt haben.

de primero	de segundo	de postre	bebidas

15

¿Qué falta en la mesa?
Listen Sie auf, was auf diesem Tisch alles fehlt.

16

Relacione.
Ordnen Sie zu, wer was sagt.

1. ¿Me trae la cuenta, por favor?
   (Camarero / Cliente)
2. ¿Un poco más de vino?
   (Camarero / Cliente)
3. Tenemos una merluza excelente.
   (Camarero / Cliente)
4. La carta, por favor.
   (Camarero / Cliente)
5. ¿Qué toman de postre?
   (Camarero / Cliente)
6. ¿Me trae un poco más de pan?
   (Camarero / Cliente)
7. Otra botella de vino, por favor.
   (Camarero / Cliente)

17

Ofrezca algunas de estas cosas.
Bieten Sie Ihren Gästen noch etwas von diesen Dingen an.

MODELO
- ¿Quieres otra cerveza?
- Sí, gracias. / No, gracias, ahora no.

18

Escuche la casete. ¿Les gusta la comida o no? ¿Por qué?
Hören Sie die folgenden Dialoge und tragen Sie ein, ob die Personen die Speisen mögen oder nicht. Notieren Sie auch, warum.

	Comida	¿Le gusta?	¿Qué tal?
1.	merluza	sí	Está muy rica.
2.			
3.			
4.			
5.			
6.			

19

Complete con las formas de *preferir*.
In diesen Dialogen finden Sie das Verb **preferir** (*bevorzugen / vorziehen*). Es wird ähnlich gebildet wie **querer**. Suchen Sie die Verbformen heraus und schreiben Sie sie neben die Pronomen.

1. • ¿Qué prefieres, café o té?
   ○ Té. ¿Y tú?
   • Yo, café.
2. • ¿Qué comida prefieren ustedes?
   ○ Preferimos la comida china.
3. • ¿Y vosotros también preferís la comida china?
   △ No, Pedro prefiere la comida italiana y yo la mexicana.

	preferir
yo	prefi**e**ro
tú	________
usted, él, ella	________
nosotros/-as	________
vosotros/-as	________
ustedes, ellos, ellas	________

20

a) Combine.
Versuchen Sie, möglichst viele interessante Speisen zusammenzustellen.

tortilla zumo sopa revuelto sorbete helado pollo merluza gambas tarta	de al a la	fresa naranja champiñones limón chocolate ajillo patatas romana plancha verduras manzana

b) Ofrezca sus creaciones a un/a compañero/-a.
Bieten Sie einem Kursmitglied Ihre Kreationen an.

MODELO
• ¿Quieres un sorbete de fresa?
○ No, gracias, prefiero un helado.

C. Consumo y costumbres

21

Complete con estos verbos.

querer	tomar	vivir	escribir
comer	tener	venir	preferir

1. • ¿Qué (*tú*) ________ tomar?
   ○ Una cerveza.
2. • ¿(*nosotros*) ________ una carta a Jorge?
   ○ Vale, buena idea.
3. • ¿Quieren un gin tonic?
   ○ No, gracias, (*nosotros*) no ________ alcohol.
4. • ¿(*vosotros*) ________ todavía en Sevilla?
   ○ Sí, en la calle Zaena.
5. • ¿Qué desean tomar? ¿Un café?
   ○ Sí, un café con leche para mí.
   △ Pues yo ________ un té con limón.
6. • ¿(*vosotros*) ________ a cenar con nosotros?
   ○ No, es que no ________ tiempo.
7. • ¿De dónde ________ usted?
   ○ Del teatro.
8. • ¿________ (*ustedes*) muy lejos de aquí?
   ○ No, no, muy cerca. En la Avda. de Mayo, 124.
9. • Mamá, ¿________ hoy en el MacDagobert?
   ○ No, ________ en casa. ________ paella y, de postre, helado.

22

Mire la carta de Karin y escriba algo sobre los hábitos de comida en Alemania.
Lesen Sie den Brief von Karin (Lehrbuch S. 53) und schreiben Sie etwas über die Eßgewohnheiten in Deutschland.

En Alemania se desayuna …

23

Combine las frases usando *que* o *donde*.
Können Sie mit Hilfe von **que** und **donde** aus den beiden Sätzen einen machen?

Guatemala es un país. Guatemala me gusta mucho. → *Guatemala es un país **que** me gusta mucho.*
La carnicería es una tienda. Allí se vende carne. → *La carnicería es una tienda **donde** se vende carne.*

1. Tengo una casa nueva. La casa está cerca del centro.
2. El cine es un lugar. En este lugar se miran películas.
3. Tengo unos amigos alemanes. Viven en Ibiza.
4. Trabajo en una empresa. La empresa tiene muchos contactos con Latinoamérica.
5. En las vacaciones vamos a un pueblo en Galicia. En este pueblo viven unos amigos.

24

Complete el crucigrama.

1. Producto de leche. Se compra en paquetes y se come con pan (y mermelada).

2. ¿Quieres el café con o sin ...?

3. De la ... se hace yogur, queso y mantequilla.

4. El ... de oliva se usa mucho en Italia y España.

5. La tortilla francesa se hace con huevos. La tortilla española se hace con huevos y ... ?

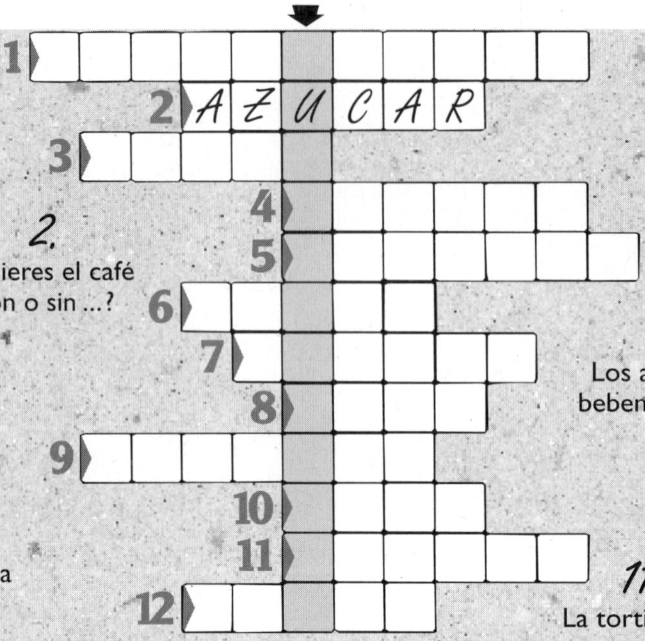

6. Se come mucho ... en Asia. La paella se prepara con él.

7. En Italia, el mozzarella con ... es un plato típico.

8. ... tinto, blanco, rosado.

9. Los alemanes beben mucha ...

10. ... sólo, cortado, con leche.

11. La tortilla se prepara con ... .

12. Brie, Emmentaler y manchego son tipos de ...

25

¿Qué hábitos de comida tiene usted?
Haben sich Ihre Eßgewohnheiten geändert? Beschreiben Sie es den anderen.

MODELO Hoy como menos chocolate que antes...

26

¿Qué dice usted en estas situaciones?
Was sagen sie, wenn ...

1. ... Sie wissen möchten, was die kleine Flasche Öl kostet?
2. ... Sie an der Supermarktkasse stehen und wissen möchten, was alles zusammen kostet?
3. ... Sie in einer Bäckerei sind und wissen möchten, ob es dort Croissants gibt?
4. ... Sie in einem Café etwas getrunken haben und zahlen möchten?
5. ... Sie im Restaurant gegessen haben und zahlen möchten?
6. ... Sie im Restaurant um ein Messer bitten?
7. ... Sie dem Kellner mitteilen wollen, daß die Suppe kalt ist?

27

Palabras, palabras, palabras...
Erstellen Sie eine Wörtersammlung mit den Begriffen dieser Unidad, die Sie sich merken wollen.

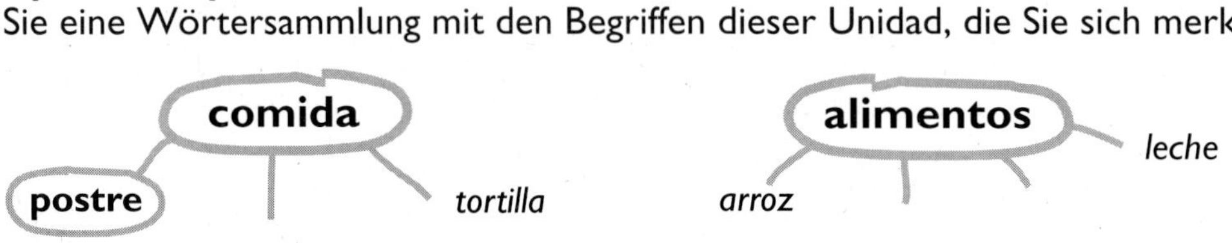

De compras

A. Mi prenda favorita

1

Complete el crucigrama.

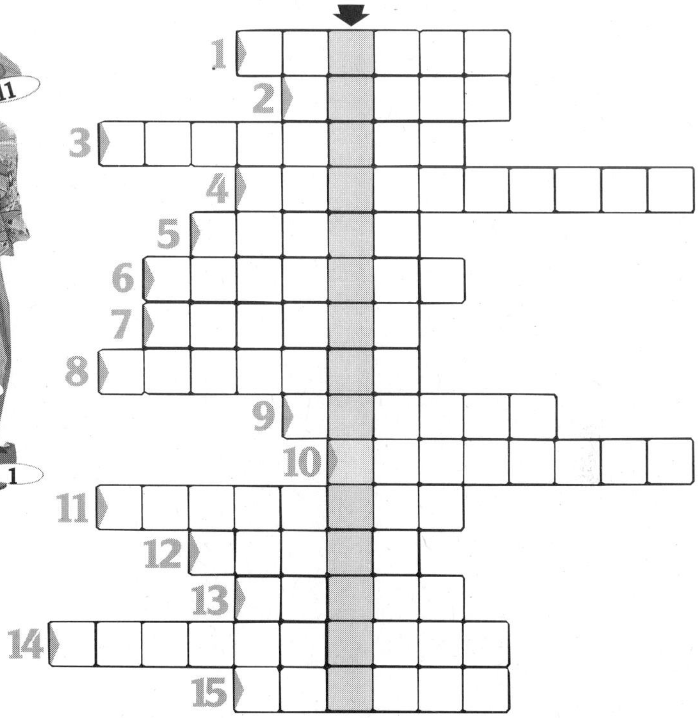

Solución: ______________________________

2

Escriba los colores.
In welchen Farben stellen Sie sich diese Landschaft vor?

3

¿Qué color asocia usted con estas palabras?
Welche Farbe verbinden Sie mit diesen Begriffen?

los limones ____________________

la pasión, la agresividad ____________________

Para los pesimistas la vida es de color... ____________________

Y para los optimistas es... ____________________

el color del mar[1] ____________________

Una vida aburrida[2] es de color... ____________________

1) *Meer* 2) *langweilig*

4

¿Qué carácter tiene esta persona?
Welche Eigenschaften würden Sie dieser Person zuschreiben?

inteligente

moderna

tímida

simpática

optimista

TRANQUILA

ROMÁNTICA

pesimista

5

Complete con *muy*, *mucho/-a/-os/-as* y apunte dónde se dicen estas frases.

1. Mira, aquí tienen __________ frutas tropicales. *frutería*
2. Quiero un kilo de manzanas, pero no __________ verdes. __________
3. Estos zapatos rojos son __________ elegantes. __________
4. ¿1.800 pesetas el filete? Es __________ caro. __________
5. ¿Compramos croasanes? No cuestan __________. __________
6. Picasso es un pintor que me gusta __________. __________
7. Mira, hay sardinas, pero son __________ pequeñas, ¿no? __________
8. La chaqueta verde me gusta __________, pero es __________ cara. __________
9. Este libro me interesa __________. __________
10. ¿Otras botas nuevas? Pero ya tienes __________, ¿no? __________

6

¿Qué se puede comprar en estas tiendas? Haga una lista.

7

¿Le gustan estas cosas? Reaccione.

las minifaldas

el color negro

las faldas a cuadros

comer en un McDonalds

la ropa de los años 50

ir de vacaciones a España

la cocina alemana

MODELO
- ¿Te gusta/n...?
- Sí, mucho.

8

¡Qué lío! Ordene.
Der Computer des CORTE INGLÉS hat die Bestellungen durcheinandergebracht. Schreiben Sie sinnvolle Kombinationen in Ihr Heft.

1	mesa	rosa	de algodón
–	zapatos	a rayas	de cristal
1	jamón		de cuero
1	vestido	amarillo	
5	melones	estampada	de plástico
6	vasos		de lana
3	filetes		de seda
1	falda	grandes	
6	cuchillos	frescos	
1	blusa		de plata

9

¿Tiene buena memoria? Escriba una lista.
Haben Sie ein gutes Gedächtnis? Notieren Sie all die Kleidungsstücke von der Auftaktseite dieser Lektion, die Ihnen einfallen. Erinnern Sie sich auch noch an die Farben? Überprüfen Sie danach auf der S. 57 im Lehrbuch, was Sie behalten haben.

10

La semana que viene recogen prendas de vestir usadas. ¿Cuáles va a regalar usted?
In der nächsten Woche ist Altkleidersammlung. Notieren Sie in Ihrem Heft, von welchen Stücken Ihrer Garderobe Sie sich trennen möchten.

El vestido gris...

B. Le queda bien

11

Reconstruya el diálogo original.
Ordnen Sie diesen Dialog.

- ☐ • Quería unos vaqueros.
- ☐ • Azul.
- ☐ • No, con cheque.
- ☐ • Gracias ¿Dónde están los probadores?
- ☐ • Me quedan bastante estrechos.
- ☐ • La 36.
- ☐ • Estos me quedan muy bien, me los llevo. ¿Cuánto cuestan?

- ☐ ○ Con la rebaja, 8.900. ¿Paga en efectivo?
- ☐ ○ ¿De qué color?
- ☐ ○ Aquí tengo unos muy bonitos. Tenga.
- ☐ ○ ¿Qué talla necesita?
- ☐ ○ Aquí tiene una 38... ¿Qué tal?
- ☐ ○ Allí enfrente... ¿Cómo le quedan?

12

Forme frases con los siguientes elementos.

Quiero
Me llevo
¿Cuánto cuesta(n)

este
esta
estos
estas

vestido
zapatos
bolso
faldas
traje
corbata
calcetines
jersey
abrigo
blusas

estampado
marrón
gris
de lana
amarillo
de seda
blanco
rosa
de cuero
lila
negro
a rayas
azul

(no) me queda(n) bien.
(no) me gusta(n).

Me llevo estos zapatos marrones.
Este traje azul me queda bien.

13

Complete con *este/-a/-os/-as* o *ese/-a/-os/-as*.

1. _____ abrigo te queda largo, Teresa.

2. _____ camiseta a rayas me gusta mucho.

3. Mira _____ botas negras. Son bonitas, ¿verdad?

4. _____ pimientos son muy caros, _____ no.

5. Mira, en _____ restaurante preparan un pescado buenísimo.

6. • ¿Y _____ señor?
○ ¿_____? Es el profesor de David?

14

Complete con los pronombres y compruebe con la casete.

1. • ¿Te gustan estas gafas?
   ○ Sí, ________ quedan superbién.
2. • Lola, ¿________ gustan las naranjas?
   ○ Pues no, no ________ gustan nada.
3. • Señor Juarez, ¿qué ________ parece este libro?
   ○ Pues, no sé, no es muy interesante.
4. • Mira el vestido nuevo de Emilia. ________ queda muy bien, ¿no?
   ○ Sí, es verdad. Es precioso.
5. • Niños, ¿qué profesiones ________ gustan?
   ○ A mí, cantante de ópera.
   △ Pues a nosotros no, no ________ gusta la música clásica.
6. • Señora, ¿qué tal ________ queda la chaqueta?
   ○ No sé, es un poco grande. ¿No tiene una talla más pequeña?
7. • Mira, éstas son Mónica y Julia, ________ gusta muchísimo bailar salsa.
   ○ Ah, ¡qué bien! A mí también. ¿________ preguntamos si vamos al *Zapata* a bailar el sábado?
   • Sí, estupendo.
8. • Mamá, tenemos sed. ¿________ compras una coca-cola?
   ○ No, ahora no. Volvemos a casa ahora mismo.

15

Forme frases con estas palabras.

MODELO Esta blusa de seda me queda demasiado larga.
Este abrigo es muy caro.

16

¿Puede identificar a estas personas?
Die Angestellten der Agentur COMOSELLAMA machen eine Kaffeepause. Können Sie die einzelnen Personen anhand der folgenden Sätze identifizieren?

1. Marta lleva un vestido un poco corto. Es de Jill St. Cardin.
2. El Sr. Sepúlveda siempre es elegante, también con vaqueros.
3. Eduardo siempre lleva ropa que le queda muy corta.
4. Begoña siempre lleva jerseys muy originales.
5. Al Sr. Galindo, el nuevo director, no le gustan las corbatas.
6. El Sr. Peralta tiene muchas camisas estampadas.
7. La señora Solano tiene muy buen gusto. Siempre lleva vestidos muy elegantes.

LERNTIP

Neben den regelmäßigen Verben, die Sie schon kennen, gibt es auch Gruppen von Verben, die einen Vokal in ihrem Wortstamm in einen Doppellaut verwandeln. Einige dieser Verben haben Sie schon kennengelernt, z.B. **querer** (hier wird das **e** zu **ie**: qu**ie**ro, qu**ie**res, ...). Eine andere Gruppe ändert ein **o** in ein **ue** (z.B. **encontrar**). Bei allen solchen Verben sind die Endungen dieselben wie bei den regelmäßigen Verben, je nachdem, ob sie auf *-ar*, *-er* oder *-ir* enden. Sehen Sie sich die Konjugation von **encontrar** an. Fällt Ihnen daran etwas auf? Versuchen Sie nun, die Formen der anderen Verben zu vervollständigen. Denken Sie daran, daß es für **costar** nur zwei Formen gibt.

	encontrar	**poder**	**probar**	**costar**
yo	enc**ue**ntro	____________	____________	
tú	enc**ue**ntras	____________	____________	
usted, él, ella	enc**ue**ntra	____________	____________	____________
nosotros/-as	encontramos	____________	____________	
vosotros/-as	encontráis	____________	____________	
ustedes, ellos, ellas	enc**ue**ntran	____________	____________	____________

17

Complete con *o* o con *ue*.

p___demos	enc___ntran	pr___bar	pr___ba	p___de
c___sta	c___stan	p___déis	enc___ntramos	enc___ntrar
p___der	pr___bamos	c___star	pr___ban	pr___bas
enc___ntras	p___do	p___des	enc___ntro	p___den
pr___báis	enc___ntra	enc___ntráis	pr___bo	

18

¿Qué dice usted?
Vervollständigen Sie den Dialog und tragen Sie ihn den anderen vor.

1. Sie betreten ein Bekleidungsgeschäft, grüßen und sagen, daß Sie ... möchten.

- ______________________
- ○ Buenos días, señor/a. ¿Qué talla necesita?

2. Sie benötigen die Größe ... .

- ______________________
- ○ A ver, un momento. Aquí tenemos uno/a muy bonito/-a en azul.

3. Blau gefällt Ihnen nicht, Sie möchten lieber ... .

- ______________________
- ○ En seguida, señor/a. A ver... tenga, éste/-a también es muy bonito/-a.

4. Sie möchten ... anprobieren und fragen nach den Umkleidekabinen.

- ______________________
- ○ Están allí enfrente. ... ¿Cómo le queda?

5. Sie sagen, daß es Ihnen gut paßt, und fragen nach dem Preis.

- ______________________
- ○ 28.000 pesetas, señor/a.

6. Das ist Ihnen zu teuer, Sie möchten ein billigeres haben.

- ______________________
- ○ Entonces tenemos aquí uno/-a de algodón. Cuesta 12.700 pts.

7. Sie bedanken sich und nehmen es.

- ______________________
- ○ Muy bien, señor/a. ¿Cómo quiere usted pagar?

8. Sie möchten mit ... bezahlen.

- ______________________
- ○ Por supuesto, señor/a. Muchas gracias, adiós.

19

Reaccione.
Reagieren Sie auf die folgenden Äußerungen.

1. A mí me encanta hacer yoga. — *A mí también.*
2. No me gusta mucho el pescado. — ______
3. Me interesa mucho la economía. — ______
4. A mí me encanta el jazz. — ______
5. A mí no me gusta la carne. — ______
6. No me interesa nada la política. — ______

20

a) Lea estos anuncios de un periódico. ¿Qué les gusta a Ernesto y a Caridad?
Lesen Sie diese Anzeigen und notieren Sie, was Ernesto und Caridad gefällt.

Ernesto: Tengo 35 años, soy profesor de español en la Universidad de Sevilla. Me encanta la música clásica, sobre todo Gustav Mahler. También me gusta leer novelas históricas. Me interesa mucho la historia antigua: los romanos, los celtas[1]… Me gusta mucho la cocina japonesa porque me encanta el pescado. No me gustan nada los gatos.

Caridad: Tengo 30 años. Soy ingeniera y trabajo en Sevilla en una empresa multinacional. Me gustan mucho la música moderna y el jazz. No me gusta nada la música clásica. También me gusta mucho leer. Sobre todo me interesan los pueblos antiguos: los griegos[2], los fenicios[3]… No me gustan mucho los gatos, prefiero los perros, son más cariñosos[4]. Me encantan la cocina china y todas las cocinas orientales.

1) *Kelten* 2) *Griechen* 3) *Phönizier* 4) *anhänglich*

	le gusta	no le gusta
A Ernesto		
A Caridad		

b) Ahora haga un resumen de los gustos de Ernesto y Caridad.
Fassen Sie Ihre Ergebnisse zusammen.

MODELO〉 A Ernesto le gusta la música clásica pero a Caridad no. A los dos les gusta…

c) ¿Qué le gusta de este libro y qué no?
Sie haben jetzt schon länger mit CAMINOS gearbeitet. Was gefällt Ihnen an Ihrem Lehrbuch und was nicht? Notieren Sie diese Punkte und, wenn Sie wollen, schreiben Sie auf spanisch einen Brief an die Redaktion unter der Adresse
Ernst Klett Verlag, Redaktion S, Postfach 10 60 16, 70 049 Stuttgart.

21

¿Qué dice usted en estas situaciones?
Was sagen Sie, wenn ...

1. ... Sie in einem Geschäft einen Anzug kaufen möchten.
2. ... Sie fragen wollen, ob dieser Pullover aus Wolle ist.
3. ... Sie nach den Umkleidekabinen fragen.
4. ... Ihnen ein Kleidungsstück zu groß/klein/weit/eng ist.
5. ... Sie nach dem Preis fragen.
6. ... Sie ein Hemd, eine Krawatte und ein Paar Socken haben wollen.
7. ... Sie das Hemd in einer anderen Farbe haben möchten.
8. ... Sie mit Kreditkarte bezahlen möchten.

C. ¡Cómo se va el dinero!

22

Lea esta estadística y escriba un pequeño texto.
Diese Statistik bezieht sich auf den Text über die Ausgaben der Spanier (Lehrbuch Seite 64). Schreiben Sie einen kleinen Text darüber.

23

Mire las informaciones sobre España y Alemania en cifras y compare.
Sehen Sie sich die Informationen auf Seite 37 des Lehrbuches an und vergleichen Sie.

España es más grande que Alemania...

24

Compare las informaciones de estos anuncios.
Vergleichen Sie die Informationen dieser Anzeigen.

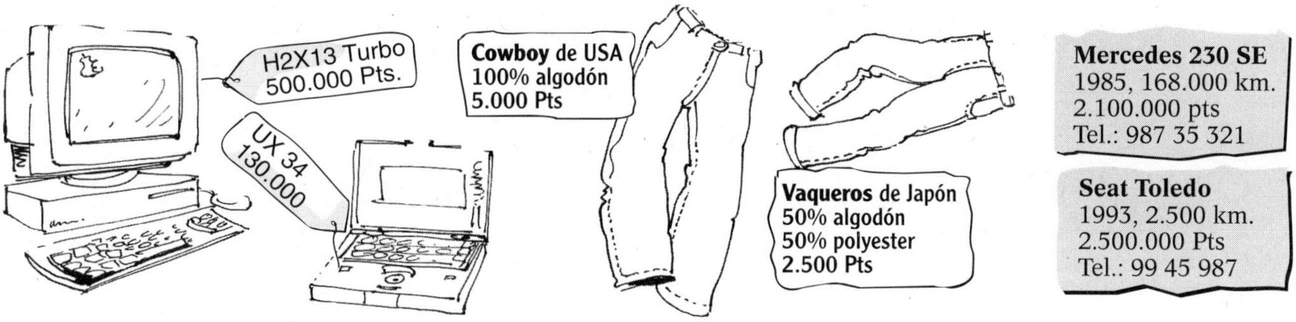

25

Complete las siguientes frases.

1. En las tiendas de solidaridad se vende/n...
2. Se llaman tiendas de solidaridad porque...
3. Su sistema comercial es diferente porque...
4. Estas tiendas usan los beneficios para...
5. Comprar en estas tiendas es un doble regalo porque...

26

Lea este folleto y busque en el texto las palabras en alemán.
Nachdem Sie die Broschüre über die Tiendas de Solidaridad im Lehrbuch gelesen haben, lesen Sie diesen Text.

gepa

Las TIENDAS DE SOLIDARIDAD defienden:
Una cooperación más *justa* entre los países del mundo.
La *independencia* política y financiera del *Tercer Mundo*.
La venta de los productos de los países del Sur en los países del Norte.
Las pequeñas *empresas* familiares y cooperativas.
Precios justos sin burocracia.
Buenas *condiciones de trabajo* y *salarios* justos.
Un proceso de producción en armonía con el *Medio Ambiente*.
Materiales tradicionales, naturales y típicos del país.

Unabhängigkeit
Gehalt
gerecht
Dritte Welt
Betrieb
Umwelt
Arbeitsbedingungen

Welche Informationen sind für Sie neu?

27

Palabras, palabras, palabras...
Erstellen Sie eine Wörtersammlung mit den Begriffen dieser Unidad, die Sie sich merken wollen.

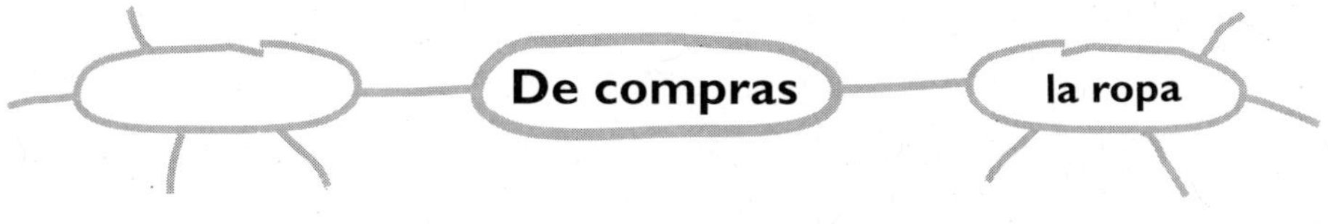

Y la familia, ¿qué tal?

A. ¿Quién es quién en la familia?

1

Mire estas explicaciones de un diccionario. Busque las palabras que faltan aquí.

1. [redacted] *s/m* Unión de un hombre y una mujer, legalizada con las formalidades religiosas o civiles para constituir una familia.
2. [redacted] *s/plur* El padre y la madre juntos.
3. [redacted] *s/f* Conjunto formado fundamentalmente de un hombre y una mujer y sus hijos.
4. [redacted] *adj y s/m,f* Se dice de las personas no casadas.
5. [redacted] *adj y s/m,f* Resultado de casarse.

2

Mire el árbol genealógico. ¿Qué relaciones tienen estas personas?
Sehen Sie sich den Stammbaum an. In welcher Verbindung stehen die Personen zueinander?

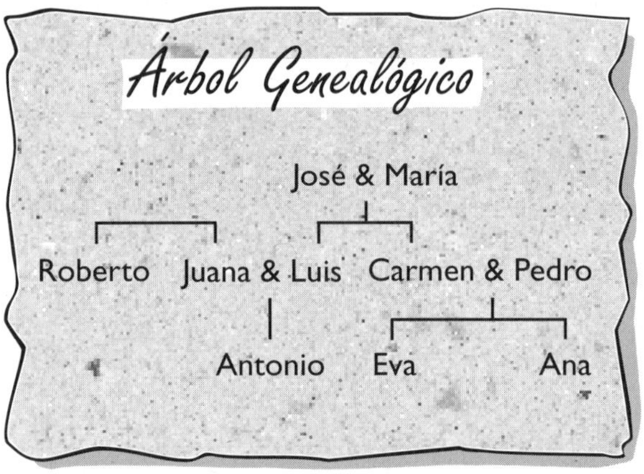

1. Carmen y Pedro son los __________ de Eva.
2. Juana es la __________ de Luis.
3. Roberto es el __________ de Juana.
4. Ana es la __________ de Eva.
5. Juana es la __________ de Antonio.
6. Luis es el __________ de José y María.
7. Ana es la __________ de Luis.
8. Carmen es la __________ de Antonio.
9. Antonio es el __________ de Eva y Ana.

3

a) Escriba las profesiones que tienen las personas de la novela.
Tragen Sie die Berufsbezeichnungen der Romanfiguren (Lehrbuch S. 68) in die entsprechenden Spalten ein.

b) ¿Qué otras profesiones puede añadir?

4

¿Puede dibujar el árbol genealógico?
Die Königliche Familie auf der Vulkaninsel Lanzarote. Lesen Sie den Text und zeichnen Sie einen Stammbaum.

La Familia Real en Lanzarote, 1993
En la foto vemos en el centro a la madre del Rey, Doña María de las Mercedes, viuda* de Juan de Borbón, Conde de Barcelona. Detrás de ella están el Rey, Juan Carlos I, y a su derecha la Reina, Sofía de Grecia. Con ellos vemos a sus hijos, el Príncipe Felipe y las Infantas Elena y Cristina, así como otros miembros de la Familia Real.

* *Witwe*

5

Complete con la preposición *a* si es necesario y compruebe con la casete.

1. • Los Albiol, ¿tienen ________ hijos?
   ○ Sí, tienen ________ un bebé, Robertito. Es precioso.
2. • Mira, Cecilia, ¿conoces ________ ese hombre?
   ○ ¿________ quién? No, no lo conozco. ¿Quién es?
   △ Es Luis Manuel, el cantante.
3. • ¿Vosotros visitáis ________ los abuelos?
   ○ Sí, sí, una vez al mes. Nos encanta estar con ellos pero viven tan lejos.
4. • Buenos días, necesito ________ unos vaqueros muy cómodos, por favor.
   ○ Aquí tenemos ________ éstos, señor. ¿Le gustan?
5. • ¡Qué horror! ¿Cómo funciona este vídeo? Nunca entiendo ______ las instrucciones de los aparatos.
   ○ Yo tampoco. ¿Por qué no llamamos ________ tu hermana. Ella sabe de estas cosas.
6. • ¡Cuánta gente! ¿Ves* ________ Eugenia?
   ○ No, no la veo.
7. • ¿________ quién quieres más, ________ tu mamá o ________ tu papá?
   ○ ________ los dos.
   • Huy, ¡qué niño tan diplomático!
8. • ¿Ya conoces ________ París?
   ○ Claro. Es una ciudad preciosa. ¿Y tú?

* *ver = sehen*

B. ¡Felicidades!

6

a) Una adivinanza. ¿Quién es? Escriba las relaciones familiares según estas informaciones.
Ein Ratespiel: Wer ist das? Schreiben Sie die richtigen Familienbeziehungen auf.

la madre de tu padre: Es mi ____________.
el único nieto de tu abuelo: ____________.
la mujer de tu tío: ____________.
el padre de tu sobrino: ____________.

b) Formule más ejemplos. Sus compañeros/-as adivinan quién es.
Formulieren Sie weitere Beispiele. Die anderen raten, um wen es sich handelt.

7

Lea el texto y complete.
In diesem Brief fehlen die Possessivpronomen. Auf dem kleinen Zettel ist jedem Pronomen ein Buchstabe zugeordnet.
Vervollständigen Sie nun den Brief, indem Sie an die Stelle der Pronomen die entsprechenden Buchstaben setzen; in drei Fällen haben wir das schon für Sie getan.
Zusammengesetzt ergeben die Buchstaben ein wichtiges Wort dieser Unidad.

Los García no son una familia rica, pero viven bien y por eso quieren ayudar a un niño pobre. Cada mes pagan un poco de dinero a una organización de ayuda, y así, son ahora padrinos [1] de Silvia, una niña que vive en un barrio pobre de Santiago de Chile. Hoy han recibido esta carta.

mi	= I	tu	= S
sus	= C	nuestra	= E
mis	= D	su	= F
nuestro	= A	nuestros	= L

¡Queridos padrinos!

¡Muchas gracias por ☐ carta! Ustedes quieren saber algo sobre [E] familia. Bueno, en casa somos cuatro hermanos. Vivimos con ☐ padres, que se llaman Carlota y José. ☐ hermana mayor también se llama Carlota, está casada y tiene dos guaguas [2]. ☐ hijitos se llaman Enrique y Lidia. Luego está ☐ hermano Pepe, de 16 años. Yo tengo 13, y ☐ hermanitos Pedro y Julio tienen 4 años. Son gemelos. [A] padre, después de un accidente, no puede trabajar. Mamá trabaja en una fábrica, y entonces ☐ hermanos menores están con [E] abuela, que también vive con nosotros. Yo a veces vendo periódicos. Papá me dice siempre: "Silvia, éste es ☐ dinero. Es para las cosas que tú necesitas para el colegio." Bueno, pues eso es todo. ¿Ustedes también tienen una familia grande?

Un beso,

Silvia

Solución: ☐ [E] ☐ ☐ ☐ ☐ ☐ [A] ☐ [E] ☐

1) *Paten*
2) *Así se llaman a los niños en Chile.*

8

a) Mire las fotos y lea la carta. ¿Qué foto corresponde a la descripción?

Die Mineralwasserfirma AGUA CLARA sucht junge Frauen für eine Werbekampagne. Von diesem Bewerbungsschreiben hat sich das Foto gelöst. Können Sie es anhand des Briefes unter den drei Fotos ausfindig machen?

Me llamo Julia Vicario Padilla, tengo 18 años y voy al instituto. Tengo el pelo rojo y no muy largo y los ojos marrones. Soy delgada y bastante alta (1,71). Me gusta la ropa deportiva y cómoda. Mi color preferido es el azul. Soy muy comunicativa, abierta y curiosa. Tengo un carácter muy alegre. Trabajar como modelo me interesa mucho y pienso que

b) Escriba ahora la carta de una de las otras chicas.

9

En parejas. Describa a una de las personas de la página 12 del Libro del Alumno. Su compañero/-a adivina quién es.

10

Complete con *ser* o *estar* y reconstruya las frases.

1. Felipe Gil
2. Ana Cruz Guerra
3. Este pollo
4. Casares
5. Madrid, en cambio,
6. Juan Mari Arzak
7. Su restaurante
8. Este gazpacho
9. La paella valenciana

ser
estar

muy enamorada de Roberto.
una persona un poco tímida.
en el centro de España.
muy rico.
un plato típico de la costa.
en la provincia de Málaga.
un "artista de la cocina".
en el centro de San Sebastián.
un poco salado.

11

Describa a esta persona.

Hier sehen Sie einen mexikanischen Paß. Beschreiben Sie die Person, sagen Sie etwas über ihr Alter, über besondere Merkmale, ihren Familienstand usw.

PASAPORTE A FRK-169
PEASE DE GORRISSEN
MARGARITA SARA
03 NOVIEMBRE 1950
MEXICO, DISTRITO FEDERAL
FEM. CASADA
22 MAYO 1992
NINGUNA
21 MAYO 1997
FILIACION DEL TITULAR
1.62 MTS
MORENA
CAFES
CASTAÑO
FIRMA DEL TITULAR
ESTE PASAPORTE FUE EXPEDIDO POR:
Consulado de Mexico
EN: Francfort, R.F.A.
Ernesto Céspedes Oropeza
Cónsul Adscrito

C. Problemas de familia

12

Reconstruya estas frases.

1. Nuestro hijo adoptivo	he conocido a una mujer maravillosa.
2. ¿Todavía	no habéis hablado con vuestra mamá?
3. Este año yo	han vivido para su trabajo.
4. Muchos jubilados siempre	no le ha gustado nunca su trabajo.
5. A mi suegro	ha preguntado por sus padres.
6. Mi hermano y yo	hemos perdido el contacto con nuestro padre.

13

Ponga en perfecto los verbos dados.

1. • ¿Está Carlos?
   ○ No, __________ (*salir*) un momento.
2. • ¿Dónde están mis gafas?
   ○ Creo que las _________ (*dejar*) en su habitación, señor Huerta.
3. • ¿Qué tal el fin de semana?
   ○ Bien, muy bien. _________ (*descansar*) todo el tiempo. Solamente _________ (*tomar*) el sol y ________ (*leer*).
4. • ¿________ (*estar*) alguna vez en el Museo Thyssen?
   ○ Sí, muchas veces. Es fantástico, ¿no?
5. • Sabes que Cristina ___________ (*encontrar*) un trabajo en Colombia?
   ○ ¡No me digas! ¡Qué noticia!
6. • Pedro vive en Alcalá, ¿no?
   ○ Sí, nunca le ______ (*gustar*) vivir en Madrid.

14

Ordene.
Diese Wörter sind bunt durcheinandergemischt. Ordnen Sie sie zu richtigen Sätzen.

1. mucho / Últimamente / trabajado / he

   ____.

2. estado / en / ¿Has / una / vez / España?

   ____.

3. viajado / no / Mis / mucho / padres / han

   ____.

4. restaurante / No / un / en / japonés / comido / he / nunca

____.

5. ha / de / enamorado / compañera / se / una / trabajo / Juan / de

____.

6. no / su / A Pedro / ha / le / trabajo / nunca / gustado

____.

15

El diario de Pilar.
Das Tagebuch von Pilar. Schreiben Sie in Ihr Heft, was Pilar an diesem Tag alles gemacht hat.

Pilar está en Barcelona y tiene una lista de todas las cosas que quiere hacer. Por la noche, en su hotel, escribe en su diario todo lo que ha hecho durante el día.

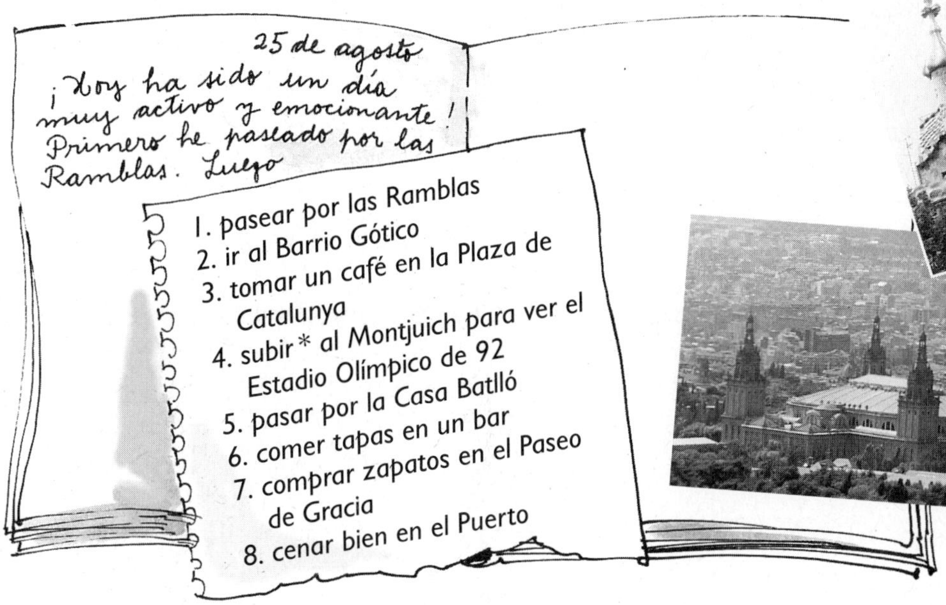

* *hinaufsteigen*

16

Lea estas frases. ¿Está usted de acuerdo?
Lesen Sie diese Aussagen. Sind Sie damit einverstanden? Machen Sie eine Umfrage in Ihrem Kurs und notieren Sie, wie viele mit den Aussagen einverstanden sind und wie viele nicht.

	de acuerdo	no de acuerdo
1. Vivir con las suegras en la misma casa es difícil.		
2. Normalmente los hermanos siempre son rivales.		
3. Es agradable vivir en una familia de tres generaciones.		
4. Una pareja con hijos es más feliz.		
5. La madre es más importante para los niños que el padre.		
6. Escuchar a los hijos es aprender de ellos.		

17

a) Aquí tiene un anuncio: el resumen de una película mexicana. Lea el texto y marque todas las palabras relacionadas con la familia.

"Como agua para chocolate" de ALFONSO ARAU

Estamos en el México revolucionario. La historia empieza con el nacimiento de Tita. Su padre muere* de un infarto poco después. La madre vive sola con sus tres hijas, Rosaura, Gertrudis y Tita. Tita, la menor, pasa los días en la cocina de la casa y Nacha, la vieja cocinera, le enseña a preparar deliciosos platos.

Un día, Tita conoce a Pedro, el hijo de un vecino, en una fiesta y se enamoran. Pero su amor es imposible porque, por tradición, la hija menor no puede casarse y tiene que vivir para siempre al lado de la madre. Pedro entonces se casa con Rosaura, la hermana mayor de Tita, sólo para poder estar cerca de ella. La pareja vive en la casa con Mamá Elena, Gertrudis y Tita hasta que un día Gertrudis se va con un revolucionario. Mamá Elena es muy dominante y Tita casi no puede hablar con Pedro; por eso sólo puede comunicarle su amor con recetas de platos originales.

Una película deliciosa, llena de aromas exquisitos.

* morir = *sterben*

b) Dibuje el árbol genealógico y escriba al lado de cada persona las informaciones que tenemos sobre ella.

18

Palabras, palabras, palabras...
Formen Sie aus den folgenden Begriffen eine Wörtersammlung und ordnen Sie dabei die Wörter den Oberbegriffen zu.

simpático · **carácter** · tímido · metro · aceite
cuñado · coche · divorciado · **cultura** · soltero · cine
galletas · mayor · música · manzanas · marido · **familia**
estado civil · ropa · **aspecto físico*** · prima · vaqueros
avión · casado · traje · diccionario · alto
serio · **transportes** · abrigo · **alimentos** · calvo

* *Aussehen*

Revuelto

1

a) ¿Quién dice qué?
Magnus und Fridolina lernen beide Spanisch, aber sie haben ganz unterschiedliche Ansichten über das Spanischlernen. Sie haben den Test auf Seite 78 im Lehrbuch gemacht. Magnus hat alle Fragen mit „sí“ beantwortet, Fridolina mit „no“. Lesen Sie den Test noch einmal und entscheiden Sie, wer die folgenden Sätze gesagt hat.

1. No me gusta leer textos porque no entiendo todas las palabras.
2. ¿Los dibujos y las fotos? ¿Para qué? Son sólo decoración.
3. No me gusta nada la gramática. Es muy difícil y además muy aburrida.
4. A mí me encanta trabajar en grupo, así puedo hablar mucho.
5. Me encanta escuchar la casete. Me gusta oír cómo habla la gente.
6. No me gusta nada escuchar la casete. No me puedo concentrar y no entiendo nada.

b) ¿Con qué opiniones está usted de acuerdo?

MODELO A Fridolina le gusta escuchar la casete; a mí también. (Pues, a mí no.)

c) ¿Recuerda?
Sehen Sie sich noch einmal an, was Sie über Ihren Spanischunterricht eingetragen haben (Lehrbuch S. 40). Stimmen Ihre Aussagen noch? Sammeln Sie Gründe.

d) Comparen sus opiniones.

2

Escriba los infinitivos.
Unter welchem Stichwort würden Sie die folgenden Wörter im Wörterbuch suchen?

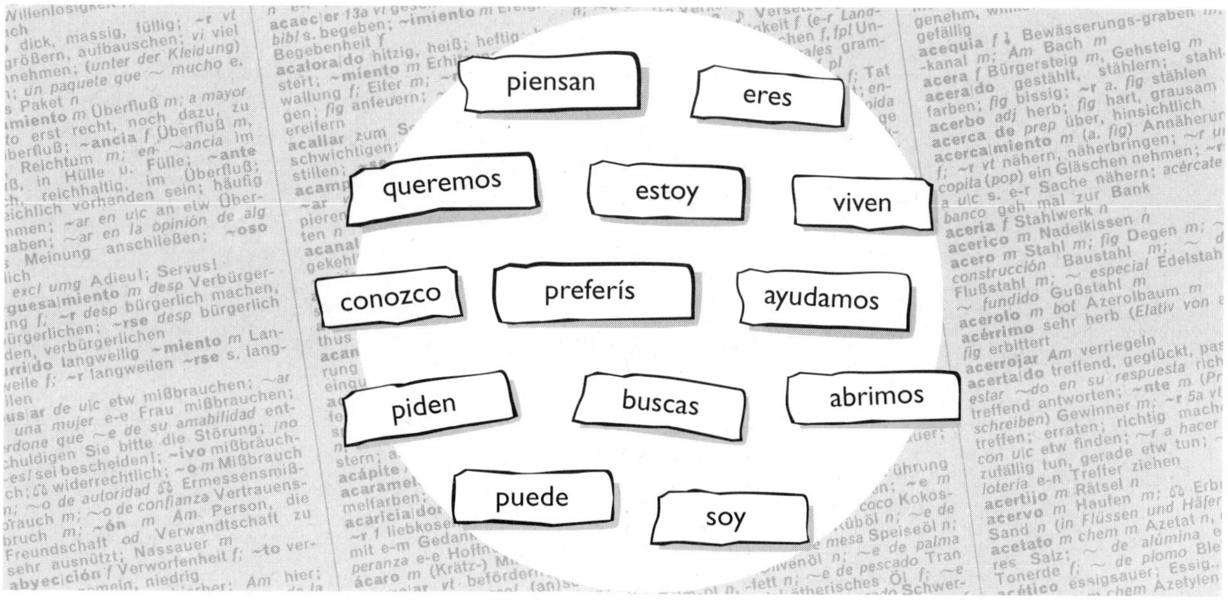

3

Mire la carta y relacione con las definiciones.
Die folgenden Beschreibungen können sehr hilfreich sein, wenn Sie spanischsprechenden Freunden diese deutschen Speisen erklären wollen.
Sehen Sie sich die Speisekarte an und ordnen Sie die Speisen den Beschreibungen zu.

1. Es un plato típico del sur de Alemania. Es un tipo de pasta y se prepara con harina[1], huevos y agua. Para tener un plato completo se pone en el horno con queso y cebolla. Se toma con cerveza.

Speisekarte

Kartoffelsalat
Rollmops
Spätzle
Labskaus
Apfelstrudel

4. Es una comida típica alemana. Se prepara con patatas cortadas, pepino, cebolla y mayonesa. Se come con salchichas[7] de Viena.

2. Es un postre típico del sur de Alemania y de Austria. Se hace con una masa[2] muy fina que se rellena[3] con manzanas y pasas[4]. Se puede comer frío o caliente, con salsa de vainilla.

3. Viene del norte de Alemania y es una forma de preparar el arenque[5]. Son rollitos rellenos con cebollas y pepinos[6] que se comen fríos.

5. Este plato, que es una combinación muy original, se come sobre todo en el norte de Alemania. Es un puré de patatas, manzanas, corned beef, remolacha[8], arenque y pepinos. Se sirve, por ejemplo, con un huevo frito.

1) *Mehl* 2) *Teig* 3) *man füllt* 4) *Rosinen* 5) *Hering* 6) *Gurke* 7) *Würstchen* 8) *Rote Beete*

4

a) ¿Recuerda el restaurante Arzak en San Sebastián de la Unidad 4? Escuche y marque.
Erinnern Sie sich noch an das Restaurant Arzak in San Sebastián aus Unidad 4? Einer der Köche erklärt in einem Radioprogramm, wie man ein typisches, spanisches Gericht zubereitet: den Gazpacho. Hören Sie zu und kreuzen Sie in der Zeichnung die genannten Zutaten an.

b) Escuche otra vez y ordene los pasos. ¡Qué aproveche!

- ☐ Añadir el aceite, el vinagre y el agua.
- ☐ Servir muy frío.
- ☐ Hacer un puré con la batidora*.
- ☐ Cortar los ingredientes en trozos.
- ☐ Poner sal, pimienta y orégano.

* *Mixer*

5

Elija a uno/a de sus compañeros/-as y escriba una pequeña descripción.
Nehmen Sie einen Zettel und beschreiben Sie ein Kursmitglied (Aussehen, Charakter, ...). Ihr/e Kursleiter/in sammelt alle Zettel ein und verteilt sie neu. Lesen Sie die Beschreibung vor, die Sie erhalten haben, die anderen raten, wer gemeint ist.

6

a) ¿Qué prendas de vestir necesita?
Sie wollen einige Tage geschäftlich verreisen. Neben der Arbeit haben Sie noch Zeit, eine Wanderung zu unternehmen und ein Konzert zu besuchen. Welche Kleidung nehmen Sie mit? Beachten Sie auch den Wetterbericht für die nächsten Tage.

b) Compare sus ideas con un/a compañero/-a.

MODELO Yo, para el concierto, he pensado en...

7

¿Cuáles le parecen las expresiones más útiles de las lecciones 5, 6 y 7?

Es joven y rubio.	*¿Cuánto cuesta?*	*De postre, un helado.*

8

El reportero Joaquín Méndez presenta una serie de críticas sobre "Niños y trabajo" en el periódico "El Diario" de Guatemala. En este artículo faltan los posesivos.

Manuela Estrada es una chica[1] que vende pulseras[2] en el mercado para ayudar a ______ madre. No conoce a ______ padre. "______ familia somos ______ mamá, ______ abuela y ______ tres hermanos. No sabemos nada de ______ papá." Dos de ______ hermanos no trabajan todavía porque son muy pequeños. "Raúl y Santiago están con ______ abuela. Pero ______ hermana Sol y yo vamos al mercado con ______ mamá." A sus siete años, Manuela todavía no va a la escuela. Los niños como ella y ______ hermanos viven, así, una realidad muy dura[3]. ______ vida, desde pequeños, es sólo trabajar. Es ______ responsabilidad[4] ayudar a estos niños. Son el futuro de ______ país. Necesitamos un programa para ______ educación.

1) *Mädchen* 2) *Armbänder* 3) *hart* 4) *Verantwortung*

9

a) ¿Cuántos hijos e hijas tienen?
Wie viele Söhne und Töchter hat diese Familie?

Carlos es empleado de Correos y está casado con Fabiola.
Gabi es su hija mayor y estudia en Salamanca.
La familia tiene más hijos que hijas.
El mayor se llama Arturo y el menor es Roberto.
Toda la familia tiene siete miembros.
¿Cuantos hijos e hijas tienen?

b) Comparen los resultados.

10

Busque los contrarios para ordenar el dominó.
Die Dominosteine enthalten 32 Begriffe. Fügen Sie – durch die richtige Numerierung – die Steine so aneinander, daß 16 Gegensatzpaare entstehen.

11

a) ¿Qué opina usted? ¿Estas frases son correctas o falsas?
Hier sehen Sie drei Aussagen zum Konsumverhalten von Frauen und Männern. Kreuzen Sie zunächst in den linken Spalten spontan an, ob Sie die Sätze für zutreffend halten oder nicht.

	Antes de leer C	F	Después de leer C	F
Más tiempo libre significa más gastos en la vida privada.				
Las mujeres prefieren marcas conocidas.				
Los hombres son muy sensibles a las ofertas.				

b) Lea el texto y marque las traducciones correctas.
Lesen Sie den Text und markieren Sie die richtige Übersetzung der unten genannten Begriffe.

Actitudes masculinas y femeninas ante el consumo

Según estudios sociológicos, los hombres y las mujeres gastamos lo mismo, pero tenemos *actitudes* diferentes.
Cada vez pasamos menos horas en el trabajo, cada vez tenemos más *tiempo libre*. Esto significa más gastos en actividades como el deporte, en viajes turísticos y en *espectáculos* como el teatro y otros actos culturales.
La socióloga Antonia Ferrer dice que, actualmente, el hombre y la mujer *deciden* juntos en qué se gasta el dinero, especialmente entre las parejas jóvenes. Esto es un resultado de la emancipación de la mujer y su *participación* en el mundo del trabajo.
La socióloga Asunción Coronado no está completamente de acuerdo con esta teoría. Ella piensa que todavía hay una diferencia clara entre los gastos de la mujer y los del hombre. "Los gastos domésticos son todavía cosa de la mujer." El hombre toma la última decisión si la familia compra un coche o una casa o si viaja al extranjero de vacaciones.
Según estos estudios, los hombres compran de forma más *planificada* y son más sensibles a las marcas que la mujer. Las mujeres, en cambio, son más sensibles a las *ofertas* y tienen más *capacidad* para la improvisación y el *ahorro*.

actitud
- ☐ Aktion
- ☐ Verhalten

espectáculo
- ☐ Aufführung
- ☐ Lärm

participación
- ☐ Aufteilung
- ☐ Teilnahme

planificado
- ☐ geplant
- ☐ planlos

capacidad
- ☐ Kapazität
- ☐ Fähigkeit

tiempo libre
- ☐ Freizeit
- ☐ wechselhaftes Wetter

decidir
- ☐ sagen
- ☐ entscheiden

oferta
- ☐ Einladung
- ☐ Sonderangebot

ahorro
- ☐ Sparen
- ☐ jetzt

c) Ahora marque si las frases de a) son correctas o falsas.
Kreuzen Sie nun rechts in der oben stehenden Tabelle an, ob die Sätze richtig oder falsch sind. Haben Sie recht behalten?

d) ¿Qué opina usted? ¿Está usted de acuerdo con el artículo?

MODELO › No estoy de acuerdo con Antonia Ferrer.
Yo creo que los hombres...
Creo que... (no) tiene razón.
En mi opinión...

Test

1

Busque la pregunta adecuada.
Suchen Sie die jeweils passende Frage.

1. Está un poco picante.
   a) ¿Qué color le gusta?
   b) ¿Qué tal el pollo?
   c) ¿Tiene patatas fritas "Crack"?

2. En botella, por favor.
   a) ¿Cómo quiere el café?
   b) ¿Te gusta esta chaqueta?
   c) La cerveza, ¿cómo la quiere?

3. Sí, uno con leche.
   a) ¿Qué toman de postre?
   b) ¿Un poco más de vino?
   c) ¿Quiere tomar café?

4. Sí, un kilo de manzanas, por favor.
   a) ¿Algo más?
   b) ¿Las quiere rojas o verdes?
   c) ¿Cuánto cuesta este melón?

5. No sé, un poco clásica.
   a) ¿Tiene usted una chaqueta blanca?
   b) ¿Te gustan los zapatos verdes?
   c) ¿Qué le parece esta blusa?

6. Sí, me encanta.
   a) ¿De qué talla?
   b) ¿Te gusta este sombrero?
   c) ¿Paga con tarjeta?

2

¿*Mucho* o *muy*?

1. Lucía es una chica __________ moderna.
2. Ella gasta __________ dinero en vacaciones.
3. También la ropa es __________ importante para ella.
4. Su hermano no necesita __________ dinero, porque vive con sus padres.
5. ¿Usted gasta también __________ dinero en vacaciones y en ropa?

3

¿Qué palabra no corresponde?

camisa	cuchara	carne	lana	rubio
falda	macedonia	leche	cuero	delgado
jersey	tenedor	fruta	estampado	moreno
zapatería	cuchillo	lana	seda	bajo
pantalones	vaso	vino	plata	ojo
blusa	taza	patatas	plástico	calvo

4

Busque lo contrario.

largo ______________________ grande ______________________

ancho ______________________ bajo ______________________

guapo ______________________ delgado ______________________

¡Cómo pasa el tiempo!

A. ¿A qué hora...?

1

Complete.
Vervollständigen Sie diese Sätze mit den angegebenen Verben.

acostarse
relajarse
despertarse
levantarse
ducharse

1. • Por la mañana siempre ______________ con agua fría.
   ○ ¿Ah, sí? ¡Qué horror! Pues yo no, ¡nunca!
2. • (*Nosotros*) ______________ normalmente a las 11 de la noche.
3. • ¿(*Tú*) ______________ temprano los fines de semana?
   ○ No, los fines de semana duermo hasta las 10.
4. • ¿Qué hacéis para ___________?
   ○ Yo hago yoga.
   ▲ Pues yo escucho música clásica.
5. • Ay, ¡qué sueño! Todas las noches mi hijo ______________ cuatro veces.
   ○ ¡Qué mala suerte! Mis hijas no ______________ antes de las 7.

2

Lea las frases y, luego, escuche la casete.
Die folgenden Aussagen treffen nicht zu. Hören Sie die Cassette und schreiben Sie auf, wie es richtig sein muß.

1. Tomás se ducha todos los días.
2. Se levanta siempre muy tarde.
3. Los sábados va al colegio.

4. El hombre que trabaja en la clínica se llama Pedro.
5. Se acuesta casi siempre a las 11 de la noche.
6. Su mujer y sus hijos se levantan muy tarde.

7. Inés nunca se acuesta tarde.
8. Sus padres no la esperan y se acuestan muy temprano.

3

¿A qué hora se hacen las siguientes cosas en su país?

¿A qué hora abren y cierran las tiendas los días laborables*? ¿Y los sábados?
¿A qué hora abren y cierran los bancos?
¿A qué hora van los niños al colegio?
¿A qué hora almuerza la gente normalmente?
¿A qué hora empiezan las noticias en la tele?

* *Werktag*

4

¿Qué hora es en…?

– 11	**Honolulu**	
– 8	**Los Ángeles**	
– 5	**Nueva York**	
– 4	**Río de Janeiro**	
0	**Madrid**	13 h 45
+ 1	**París**	
+ 3	**Moscú**	
+ 8	**Hongkong**	
+ 9	**Tokio**	
+ 11	**Sydney**	

MODELO Cuando en Madrid son las dos menos cuarto, en Sydney son…

5

Escuche y escriba las horas que se anuncian.

Teléfono	Cine	Concierto	Ópera	Rock

6

Haga frases.
Formulieren Sie so viele Sätze wie möglich.

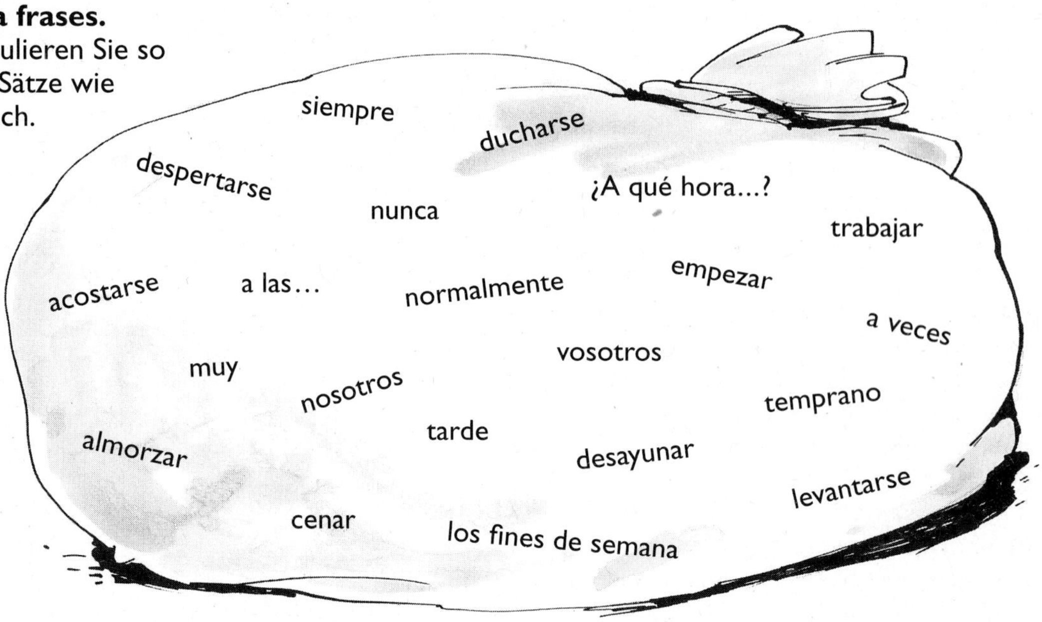

B. ¿Qué tal el día?

7

a) Mire el dibujo y, luego, lea la postal.
Herr und Frau Gómez mußten zwei Wochen beruflich verreisen. Sie haben ihre drei heranwachsenden Kinder zum ersten Mal allein zuhause gelassen. Nach einer Woche schreiben ihnen die Kinder, wie es ihnen ergangen ist. Sehen Sie sich die Zeichnung an und lesen Sie die Postkarte. Sagen Sie, was nicht richtig ist.

Queridos papá y mamá:
¿Qué tal vuestro viaje? Aquí todo va súper. Esta semana hemos trabajado mucho. Nos hemos levantado temprano y hemos hecho las camas. Para comer siempre hemos puesto la mesa. Y después hemos lavado los platos. Solamente hemos comido fruta y verduras y no hemos fumado, ¡podéis estar tranquilos! Hemos hecho los deberes 1) y no hemos leído comics. Y la tele... , pues, sólo hemos visto muy poco.
El dueño 2) de la casa nos ha visitado. ¿Ya os ha escrito?
Muchos besos 3) de

Juana, Carlos y Bernardo

1) *Hausaufgaben* 2) *Vermieter* 3) *Küsse*

b) Qué ha pasado en realidad? Escriba un pequeño texto.

8

¿Cuáles de estas tareas ha hecho o no ha hecho hoy? Haga una lista y coméntela con sus compañeros/-as.

MODELO He hecho las camas.
No he limpiado las ventanas.

9

Escriba las formas de los verbos.

poner	
yo	
tú	
usted, él, ella	
nosotros/-as	*ponemos*
vosotros/-as	
ustedes, ellos, ellas	

salir	
yo	
tú	
usted, él, ella	
nosotros/-as	
vosotros/-as	
ustedes, ellos, ellas	*salen*

10

a) Haga una lista de tareas de la casa.
Sie verreisen einige Tage und hinterlassen Ihrem peruanischen Au-Pair-Mädchen Patricia eine Liste mit den folgenden Arbeiten. Schauen Sie zunächst, was Olivia sagt, und schreiben Sie dann die Liste auf spanisch auf.

Levantarse 6h 30

Aufstehen 6:30
Kinder wecken 7:00
Frühstück machen 7:15
Kinder in die Schule bringen 7:45
Einkäufe erledigen
Betten machen
Tisch decken
Mittagessen zubereiten 14:00
Geschirr spülen
Kinder zu Bett bringen 20:00

Acostarse und ***despertarse*** bekommen eine andere Bedeutung, wenn sie nicht reflexiv verwendet werden:

despertarse = *aufwachen*
despertar a una persona = *jemanden wecken*
acostarse = *zu Bett gehen*
acostar a una persona = *jemanden zu Bett bringen*

b) ¿Qué ha hecho?
Der erste Tag ist vorbei. Schreiben Sie auf, was Patricia gemacht hat.
Se ha levantado a las . . .

11

a) La rutina diaria.
Laut einer Umfrage wiederholen sich 97% unserer Tätigkeiten regelmäßig. Trifft das auch auf Sie zu?

¿Hay cosas que usted siempre hace...

1. ...antes del desayuno?	4. ...los domingos?
2. ...los sábados?	5. ...después del trabajo?
3. ...después de cenar?	6. ...antes de acostarse?

b) ¿Ha hecho algo diferente esta semana?

12

Una carta de Felipe. ¿Qué ha hecho hoy?
Am Abend seines ersten Arbeitstages ist Felipe, der Bäckerjunge, zu müde, um noch seinem Freund zu schreiben. Übernehmen Sie das und berichten Sie in der ich-Form über den Tag. Sie können die Angaben im Lehrbuch, S. 88, 2, zu Hilfe nehmen.

13

a) ¿Qué profesión tiene?

Se levanta a las seis y media. Antes del desayuno hace footing[1] por el parque. De 8 a 8h30 desayuna con su mujer. Después de desayunar llama a su chófer para ir a su oficina. De 9 a 11 lee los periódicos y las revistas de actualidad. De 11 a 12 tiene una reunión con sus secretarios y asistentes.

Después de la reunión va al restaurante del Parlamento para almorzar. Antes de dormir la siesta hace yoga y de 2 a 4 duerme la siesta. De 4 a 6 inaugura[2] un edificio público. De 6 a 8 tiene una reunión con los Ministros y el Presidente del Gobierno. De 8 a 9 toma una copa en la cafetería del Parlamento. A las 10 y media su chófer le lleva al restaurante porque tiene una cena de trabajo. A las 12 regresa a casa y…

1) *Jogging* 2) *einweihen*

b) Haga una lista de las actividades en este texto.
Listen Sie die Tätigkeiten dieser Person in der richtigen zeitlichen Reihenfolge auf.

C. El tiempo es relativo

14

Relacione.
Sie kommen von einer Weltreise zurück und haben aus vielen Ländern Souvenirs mitgebracht. Machen Sie eine Liste und lesen Sie sie vor. Achten Sie darauf, daß die Nationalitätsbezeichnungen an das Substantiv angepaßt werden müssen.

MODELO instrumentos musicales africanos

whiskey
chocolate
queso
vinos
jamón
pasta
relojes
té
tequila
instrumentos musicales
ponchos

suizo
holandés
irlandés
francés
inglés
italiano
belga
español
mexicano
africano
boliviano

15

¿Correcto o falso? Mire la estadística en el Libro del Alumno (pág. 91).

1. Los españoles duermen menos que los belgas y más que los griegos. (C/F)
2. Según la estadística, los que más trabajan son los ingleses. (C/F)
3. Los suecos son los que más tiempo dedican a las relaciones sociales. (C/F)
4. En España ven menos la televisión que en la República Checa. (C/F)
5. Los checos son los que más tiempo dedican al trabajo. (C/F)
6. En Alemania se dedica más tiempo al trabajo doméstico que en España. (C/F)
7. Los que menos tiempo dedican a las relaciones sociales son los españoles. (C/F)

16

¿Qué es lo que más/menos le gusta?

deporte | comida | fruta | actor/actriz | bebida

MODELO La comida que más me gusta es la paella.
El deporte que menos me gusta es el fútbol.

17

¿Está usted de acuerdo?
Was halten Sie von den folgenden Klischees?

- La comida francesa es mejor que la inglesa.
- En Grecia hay mucha contaminación.
- Los alemanes beben más cerveza que los franceses.
- En Suecia hay más rubios que en Portugal.
- En Holanda hay más bicicletas que en el resto de Europa.
- En Finlandia se bebe más alcohol que en España.
- Los alemanes trabajan más que los españoles.

MODELO
• Se dice que los alemanes trabajan más que los españoles.
○ No, no estoy de acuerdo. Yo creo que...

18

¿Cómo se dice en español? Complete el diálogo.

1. Sie sprechen jemanden an und fragen nach der Uhrzeit.

- ___________________________
- ○ Son las cinco.

2. Sie bedanken sich und fragen, wann die Banken am Nachmittag öffnen.

- ___________________________
- ○ A las 4 y cierran las 6.

3. Sie möchten wissen, ob eine Bank in der Nähe ist.

- ___________________________
- ○ Sí, sí, la Caja de Ahorros está muy cerca, en la próxima calle a la derecha.

4. Sie bedanken und verabschieden sich.

- ___________________________
- ○ ¡Hombre! ¡No hay de qué! Adiós.

19

a) El reloj y el ritmo biológico.
Fällt es Ihnen auch manchmal schwer, am Montag früh aufzustehen? Im folgenden Artikel wird dieses „Montagssyndrom" beschrieben. Suchen Sie im Text die entsprechenden spanischen Ausdrücke für die angegebenen Begriffe.

Der Wecker klingelt · *Biorhythmus* · *innere Uhr* · *Wochenende* · *ausgleichen* · *Montagssyndrom* · *einverstanden sein*

¡Esos lunes!

Todos tenemos un *reloj interno*. Este mecanismo nos dice las horas que necesitamos para dormir. Por eso es difícil despertarse temprano los lunes por la mañana. Quizá su jefe no *está de acuerdo*, pero según los especialistas el "*síndrome de los lunes*" tiene un motivo real: El cuerpo humano tiene un *ritmo biológico* de 25 horas, y no de 24. Esta diferencia *se compensa* durante la semana de trabajo, pero el *fin de semana* la gente vive según el reloj interno de 25 horas. No tienen que levantarse a la hora de siempre y, por eso, vuelven al ritmo biológico. "Nos acostamos más tarde y nos levantamos más tarde", explica el Dr. Wehr, del Instituto Nacional de Salud Mental. "Y cuando *el despertador suena* el lunes, no estamos físicamente preparados para despertarnos. ¿Cuál es la solución? Quizás acostarse más temprano el domingo por la noche... o tomar las tareas del lunes por la mañana con mucha filosofía."

b) En el artículo dan dos soluciones contra el síndrome de los lunes. ¿Cuál le gusta más a usted? ¿Tiene otra solución? Escríbala.

20

Palabras, palabras, palabras ...
Erstellen Sie eine Wörtersammlung mit den Begriffen dieser Unidad, die Sie sich merken wollen.

¡Buen fin de semana!

A. ¿Qué están haciendo?

1

Ponga las siguientes palabras en el lugar adecuado: *todos – casi todos – muchos – la mayoría – algunos – nadie*. A veces hay más de una posibilidad.

Mallorca es uno de los destinos turísticos[1] más importantes del Mediterráneo. Todos los años millones de turistas europeos van allí para pasar sus vacaciones. ________ son alemanes, ingleses y franceses y ________ llegan en avión. Casi siempre van a hoteles que están en la costa, pero también hay ________ que hacen excursiones para conocer los pueblos del interior. Otros visitan la capital Palma de Mallorca, famosa por su catedral gótica. ________ de los habitantes de la isla vive del turismo. ________ trabajan en los hoteles, restaurantes y otros servicios[2] turísticos. La lengua materna de los mallorquines es el catalán, pero ________ hablan castellano, y ________ también inglés y alemán. En Mallorca ________ tiene problemas para comunicarse.

1) *Reiseziele* 2) *Dienstleistungen*

2

¿Qué está pasando en esta calle?

3

¿Y qué están haciendo estas personas? Mire las fotos en el Libro del Alumno.
Sehen Sie sich die Fotos im Lehrbuch (S. 22, Aufgabe 5) an und beschreiben Sie, was diese Personen gerade machen.

4

a) ¿En qué piso ofrecen estas cosas?
Hören Sie die Cassette und schreiben Sie auf, was in diesem Kaufhaus in den einzelnen Etagen angeboten wird.

b) Diga qué objetos se pueden comprar en las diferentes plantas.

MODELO › En la segunda planta hay...

B. ¿Por qué no vienes?

5

Mire el horario de trenes y conteste a las preguntas.

1. ¿A qué hora sale el tren de Madrid por la mañana?
2. ¿A qué hora llega a Trujillo?
3. ¿A qué hora llega a Badajoz?
4. Usted quiere viajar de Mérida a Alcorcón. A las 6 tiene que estar allí. ¿Qué tren toma?

SEMIDIRECTO MADRID - BADAJOZ

	SALIDA DIARIO	SALIDA DIARIO	SALIDA DIARIO	SALIDA DIARIO
MADRID	10,00	12,00	14,00	18,30
Alcorcón	10,20	12,20	14,20	18,50
Móstoles	10,25	12,25	14,25	18,55
Talavera	11,20	—	15,20	—
Navalmoral	12,15	14,35 **	16,15	21,05 **
Trujillo	13,30 **	—	17,25 *	22,00
Miajadas	14,00	—	17,55	22,30
Mérida	14,40	16,30	18,35	23,10
BADAJOZ	15,35	17,20	19,25	00,00

SEMIDIRECTO BADAJOZ - MADRID

	SALIDA DIARIO	SALIDA DIARIO	SALIDA DIARIO	SALIDA VIE. y DOM.
BADAJOZ	10,15	12,00	14,00	18,30
Mérida	11,00	12,45	14,45	19,15
Miajadas	11,40	—	15,25	19,55
Trujillo	12,10	14,15 **	16,10 *	20,25
Navalmoral	13,25 **	15,10	17,05	21,40 **
Talavera	14,20	—	—	22,35
Móstoles	15,25	17,05	19,00	23,35
Alcorcón	15,30	17,10	19,05	23,40
MADRID	15,50	17,30	19,25	00,00

* Parada Técnica - ** Comida o Cena - Estos horarios tienen carácter informativo pudiendo sufrir alteraciones.

6

¿Cómo se dice en español? Complete el diálogo.

Sie betreten ein Reisebüro und möchten eine Fahrkarte von Madrid nach Sevilla.

- • ______________________
- ○ ¿Sólo ida?

Sie möchten eine Rückfahrkarte.

- • ______________________
- ○ ¿Y cuándo quiere viajar?

Sie möchten am nächsten Tag morgens fahren.

- • ______________________
- ○ Pues mire, hay dos trenes, el Rápido y el AVE*...

Sie möchten wissen, um wieviel Uhr der AVE abfährt.

- • ______________________
- ○ Mire, hay uno cada hora a partir de las 7h30, o sea a las 8h30, a las 9h30...

Sie möchten eine Fahrkarte für den Zug um 8 Uhr 30.

- • ______________________
- ○ Muy bien, señor/-a. ¿Y la vuelta?

Sie müssen um 21 Uhr in Madrid sein.

- • ______________________
- ○ A ver, entonces le recomiendo el AVE que sale a las 6h15 de Sevilla. Llega a Madrid a las 8h45.

Sie bedanken und verabschieden sich.

- • ______________________
- ○ De nada. Adiós, hasta luego.

*AVE = *span. Hochgeschwindigkeitszug*

7

Complete estas llamadas telefónicas.

1. • ¿Dígame?
   ○ ______________________
   Sie fragen, ob Laura zuhause ist.

2. • ¿Está José María?
   ○ ______________________
   Sie sind es selbst.

3. • La señora Orozco, por favor.
   ○ ______________________
   Sie fragen, wer sie sprechen möchte.

4. • Taxi, por favor.
   ○ ______________________
   Der Anrufer hat sich verwählt.

8

Reaccione frente a estas propuestas.
Einige Kursmitglieder machen Ihnen die folgenden Vorschläge. Reagieren Sie.

9

Usted es la persona más popular de la oficina. Hoy ha encontrado todas estas invitaciones, pero no quiere aceptarlas. Escriba sus excusas.

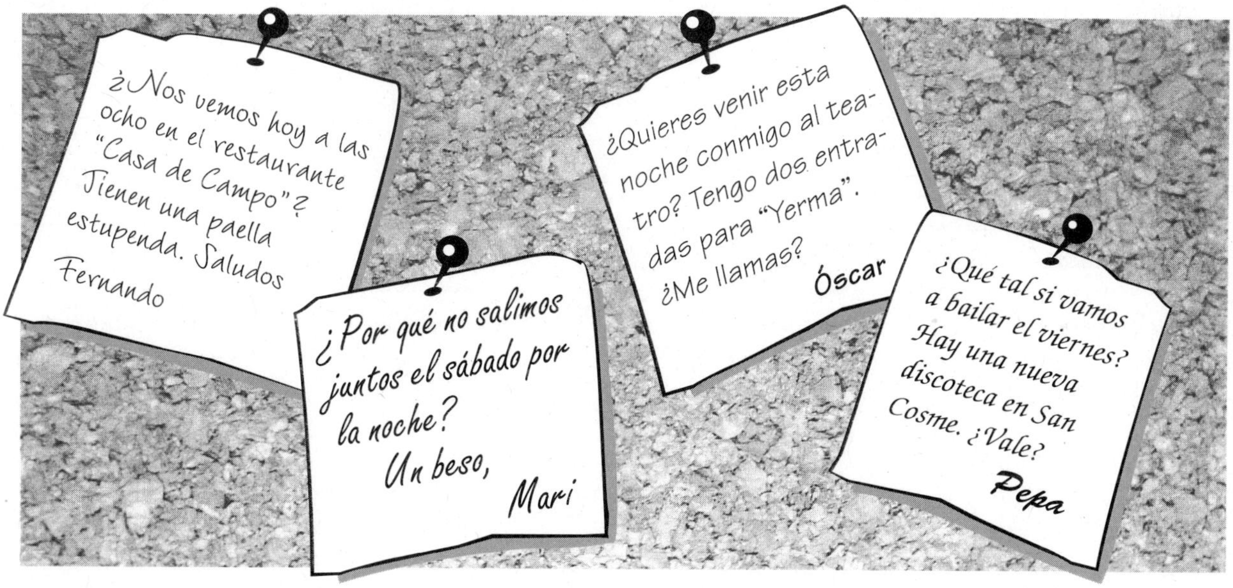

10

Complete los diálogos con las preposiciones.

1. • ¿Vamos _a_ bailar el viernes por la noche?
   ○ Mejor el sábado. El viernes voy _al_ teatro _con_ Julia.
2. • Voy _a_ la piscina esta tarde. ¿Vienes _conmigo_?
   ○ Vale, perfecto. ¿_A_ qué hora?
   • A las siete _en_ la piscina, ¿no?
   ○ _De_ acuerdo.
3. • ¿Me das el bolígrafo que está _en_ la mesa, _por_ favor?
   ○ Sí, claro, toma.
4. • ¿Vas _en_ coche _a_ la oficina mañana?
   ○ Sí, ¿_Por_ qué?
   • Nada, es que... ¿Puedo ir _contigo_?
   ○ Claro, por supuesto.

11

a) Escuche a algunas personas que quieren hacer una excursión el fin de semana. Luego conteste a las preguntas.

¿Cuántas personas son?
¿Adónde van a ir?
¿Cuándo?
¿Cómo van a viajar?
¿Qué van a hacer?
¿Dónde van a pasar la noche?

b) En grupos de tres. Hagan planes para el fin de semana. Piensen en cuándo y cómo van a ir, qué van a hacer etc.

c) Expliquen al resto del curso qué van a hacer ustedes el fin de semana.

C. ¡Pero tenga cuidado!

12

¿Qué palabra no corresponde?

alcohol	drogas	comida	tabaco
televisor	videojuegos	vídeo	radio
estrés	excursión	frustración	problemas de familia
psicólogo	terapia	solución	dulces
grupos de autoayuda	tragaperras	manía	dependencia
escapar	jugar	viajar	perder el control
pasión	crisis	manía	amigos

13

a) ¿Qué puede hacer y qué no puede hacer este chico? Haga una lista.

No puede andar pero puede ver la tele.
No puede ...

b) Escriba la traducción.

- • Kannst du Ski fahren?
- ○ Ja, klar.
- • Fahren wir am Wochenende in die Pyrenäen?
- ○ Schade. Dieses Wochenende kann ich nicht. Ich habe Spanischunterricht.

14

a) Consejos para el primer día de trabajo.
Lesen Sie die folgenden Ratschläge für den ersten Arbeitstag. Welche erscheinen Ihnen angebracht?

Para el primer día de trabajo le aconsejamos:

1. Llegar puntual a su trabajo.
2. Llevar su vestido/traje más elegante.
3. Aprender los nombres de sus colegas.
4. Hablar mucho de su vida privada.
5. Invitar a sus colegas a tomar una botella de champán.
6. Preguntar por el sueldo de sus colegas.
7. Organizar bien su trabajo.
8. Comer con sus colegas en la cantina.

b) Los consejos están en infinitivo. Escríbalos con el imperativo de *usted*.

c) Ahora escriba algunos consejos a un/a amigo/-a para su primer día de trabajo.

15

¿Qué se puede hacer para practicar español?
Ein Bekannter, der ebenfalls Spanisch lernt, bittet Sie um einige Tips, um sein Spanisch zu verbessern.
Was raten Sie ihm? Schreiben Sie einige Beispiele auf.

- escribir cartas en español a su profesor/a
- buscar material en español de su ciudad
- viajar a un país hispanohablante
- escuchar canciones españolas o latinoamericanas
- comprar un diccionario
- escuchar las casetes de Caminos

16

a) Lea este texto.
Ist es Ihnen auch schon einmal passiert, daß Sie nach einem freien Wochenende erschöpfter waren als nach einer Arbeitswoche?

¿Qué nos pasa con el tiempo?

El tiempo se va volando. No hay tiempo para nada... Vivimos con prisa, y ya no tenemos tiempo para hablar con amigos, para pasear, para ver la vida sin estrés. Y nuestro tiempo libre está lleno de actividades. El fútbol, el aeróbic, los juegos de computadora, la película que hay que grabar [1] en el vídeo... Por la mañana tomamos nuestro café, escuchamos la radio y al mismo tiempo leemos el periódico. Miramos nuestra agenda y pensamos ya en las actividades y compromisos [2] del día. No hay tiempo para hacer una pausa. No descansamos nunca, tampoco en nuestro tiempo libre.

¿Cómo estamos usando nuestro tiempo? Si pensamos un poco, vemos que sólo tenemos una vida. Hay que tomarse el tiempo necesario para las cosas importantes.

1) *aufnehmen* 2) *Verpflichtungen*

b) ¿Está de acuerdo con el autor del artículo?

c) El artículo dice: *Hay que tomarse el tiempo necesario para las cosas importantes.* ¿Qué es importante para usted? ¿Se toma el tiempo para estas cosas?

17

Palabras, palabras, palabras...
Erstellen Sie eine Wörtersammlung mit den Begriffen dieser Unidad, die Sie sich merken wollen.

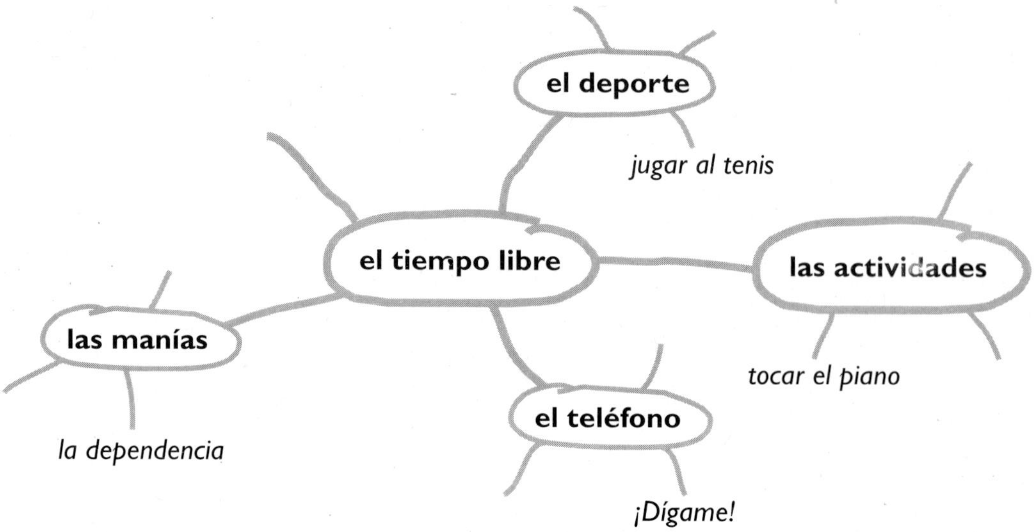

De viaje

A. ¡Que lo pasen bien!

1

a) ¿Qué es diferente en sus vacaciones?
Schreiben Sie vier oder fünf Dinge auf, die im Urlaub anders sind als sonst.

En las vacaciones me levanto más tarde ...

b) Comente los resultados con sus compañeros/-as.

MODELO
- • En las vacaciones me levanto más tarde.
- ○ ¿Ah, sí? ¡Qué bien! Pues yo también.
- ▲ Pues yo no, yo me levanto muy temprano.

2

a) Un juego de lógica. Lea estas frases para ver qué van a hacer estos amigos el fin de semana y rellene la tabla.

La persona que va a ver una película en el cine el sábado se llama Lupe.

La mujer que va a ir al zoo con Jaime el domingo se llama Elena.

Rafa va a visitar a sus padres el domingo.

El hombre que va a ir al zoo el domingo va a hacer una excursión con Emilia el sábado.

Emilia va a bailar en una discoteca el domingo con la mujer que va al cine el sábado.

El sábado Rafa va a acompañar al teatro a la mujer que va al zoo el domingo.

Nombre					
Sábado					
Domingo					

b) ¿Y usted? ¿Qué va a hacer el fin de semana? Cuéntelo a sus compañeros/-as.

3

a) ¿Adónde quiere ir de vacaciones?
Hier sehen Sie einige Möglichkeiten, um einen schönen Urlaub zu planen. Entscheiden Sie, wohin Sie fahren möchten und was Sie dort machen wollen.

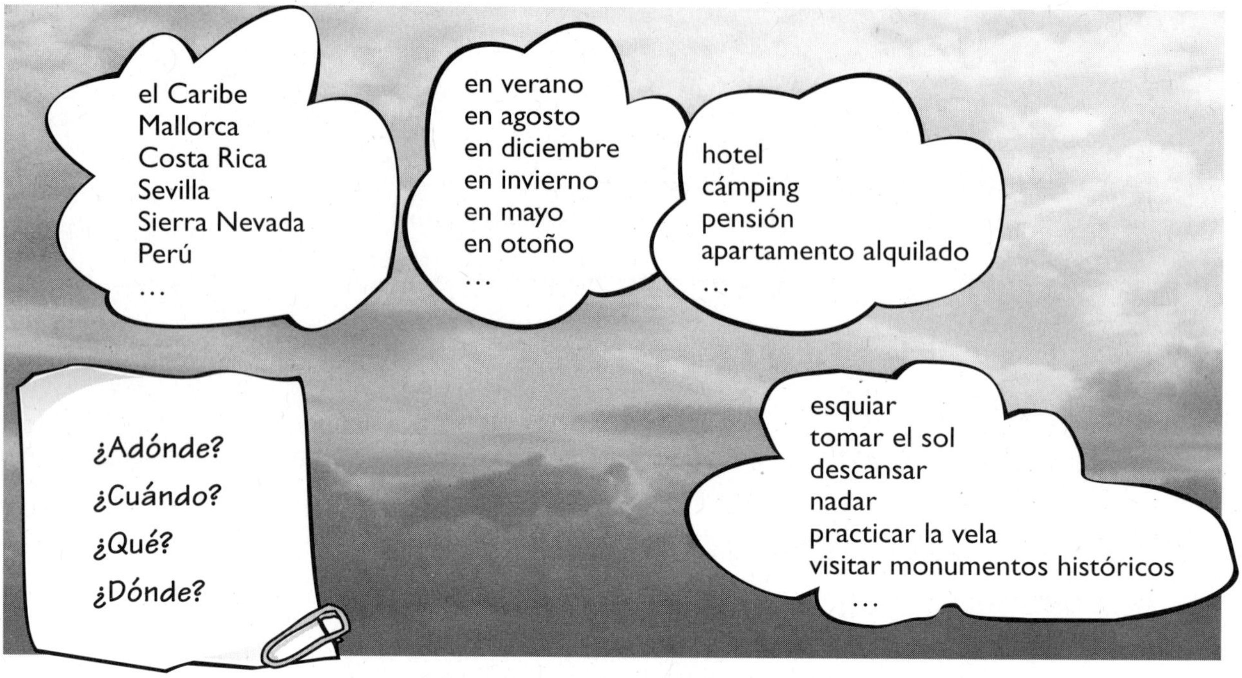

Pienso ir a Mallorca en verano para descansar y tomar el sol.
Prefiero el cámping…

b) Pregunte a tres compañeros/-as sobre sus planes y apunte los resultados.

c) Ahora explique los planes de sus compañeros/-as a la clase.

Marianne quiere ir a Sevilla para…

4

¿Qué meses tienen 31 días?
Schreiben Sie die Monate auf, die 31 Tage haben. Das Gedicht, mit dem spanische Kinder lernen, wie viele Tage die Monate haben, hilft Ihnen dabei.

Treinta días trae noviembre,
con abril, junio y septiembre.
Veintiocho tiene uno
y los demás treinta y uno.

5

Relacione.
Mit welchen Orten im Lehrbuch (S. 105) verbinden Sie diese Begriffe?

arquitectura colonial | arte románico | cultura maya | playas inmensas | cultura árabe | ron

6

Mire ahora los textos sobre Cartagena de Indias y Cuba.
Sehen Sie sich nun die Texte über Cartagena de Indias und Kuba auf S. 105 an. Sie finden darin Imperative in der Höflichkeitsform. Schreiben Sie die Texte neu für Leute, die Sie duzen.

7

a) Mire los anuncios. ¿Cuál le interesa más?

b) Escriba una carta.
Schreiben Sie einem Freund/einer Freundin, welche dieser Urlaubsangebote Sie ausgewählt haben und warum.

8

a) Mire estos eslóganes.
Sehen Sie sich die folgenden Slogans an und markieren Sie die Imperative. Werden die Personen geduzt oder gesiezt?

usted	tú

b) ¿Para qué productos son?
Erfinden Sie Produkte für diese Werbeslogans.

9

a) Una copa de verbos.
Sehen Sie sich die folgenden Verbformen an, die entweder im Präsens oder im Imperativ stehen. Ordnen Sie sie in die richtige Spalte ein.

	Imperativo tú	usted	Presente yo	Infinitivo
1.	*piensa*	*piense*	~~*pienso*~~	*pensar*
2.				
3.				
4.				
5.				
6.				
7.				
8.				

b) Complete.
Vervollständigen Sie nun die Tabelle mit den fehlenden Formen.

10

Rellene este crucigrama.

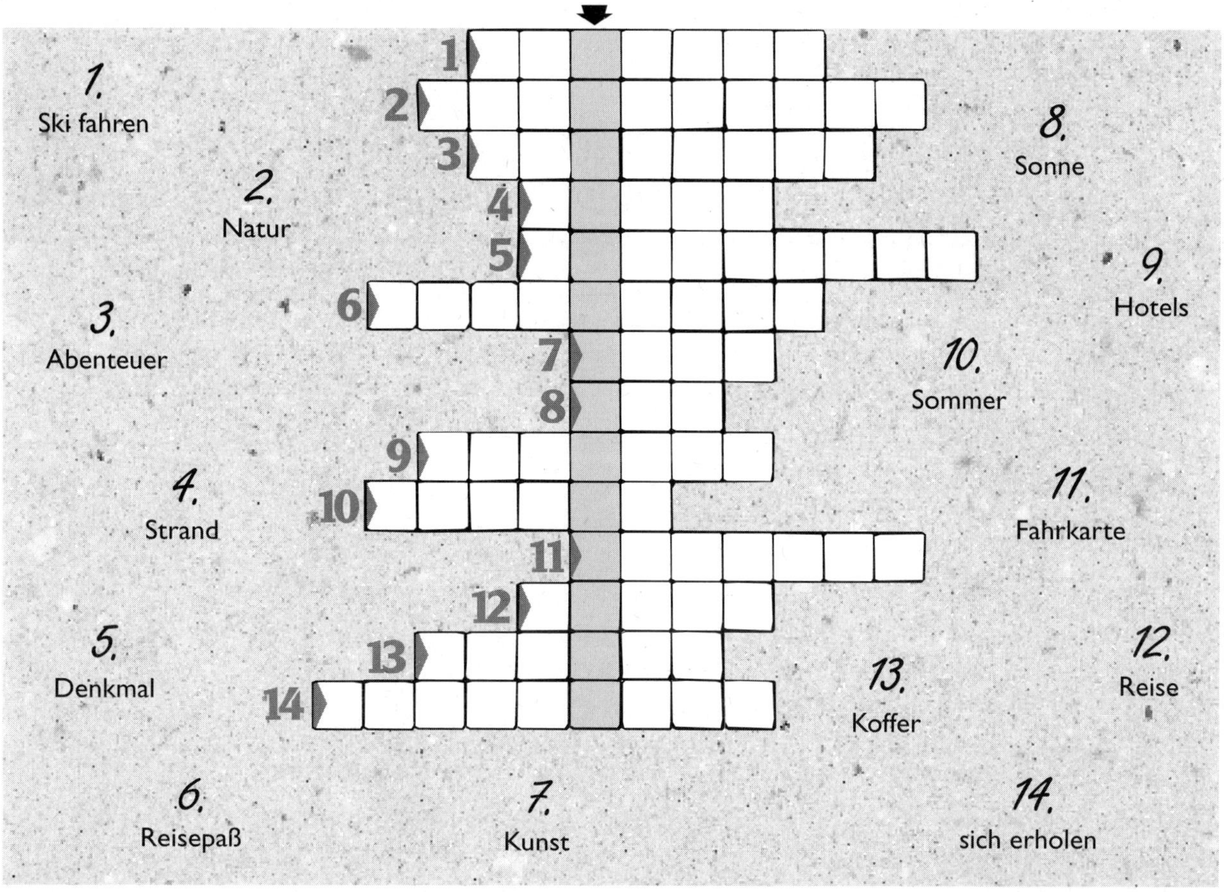

Solución: ______________________

11

¿Cuáles de estas cosas ya ha hecho y cuáles no?
Schreiben Sie auf, welche der folgenden Tätigkeiten Sie heute schon gemacht haben und welche nicht. Verwenden Sie **ya** und **todavía no**.

llamar por teléfono – hacer las compras – hacer las camas – pasar la aspiradora – lavar los platos – tomar café – leer el periódico – cenar – preparar la comida – ducharse – planchar

12

Escriba un anuncio.
Schreiben Sie eine Werbeanzeige für Ihre Stadt. Die Anzeigen und Texte dieses Blocks helfen Ihnen, die richtigen Formulierungen zu finden.

B. ¿Qué tal el tiempo?

13

a) Escuche a estas personas.
Diese Reisenden erkundigen sich in der Touristeninformation nach einem Hotel. Notieren Sie, was für die einzelnen Personen wichtig ist.

1. El Sr. Álvarez: ______
2. Los Sres. Uribe: ______
3. Nicolás y Rafael: ______
4. Don Carlos Carrascal: ______
5. María Jesús: ______

b) Mire estos anuncios de algunos hoteles en Barcelona. ¿Qué hotel le puede interesar a cada una de las personas en la oficina de turismo?

MODELO Al señor Álvarez le puede interesar el hotel...
A Nicolás y Rafael les puede interesar el hotel...

***Interesar** wird wie **gustar** gebildet.*

H. FERIA PALACE ****
Avda. Rius i Taulet, 1-3. Barcelona.
***Situación:** Cerca de la estación central de trenes.*
***Servicios:** Habitaciones con baño, todas exteriores y climatizadas, tfno., televisión vía satélite, minibar y caja fuerte. Restaurantes, piano-bar, discoteca...*

NOCHE EXTRA:
Hab. DOBLE: 7.070
Supl. INDIV: 3.530

Hs. SANTAMARTA *
General Castaños, 14. Barcelona.
***Situación:** Junto a la Estación Terminal.*
***Servicios:** Habitaciones con calefacción y baño o ducha. Restaurante, cafetería y ascensor.*

NOCHE EXTRA:
Hab. DOBLE: 3.270
Supl. INDIV: 1.400

H. EXPO ****
Mallorca, 1 a 23. Barcelona.
***Situación:** Junto a la Estación de Renfe de Sants.*
***Servicios:** Habitaciones con baño, t.v. color, vídeo y teléfono. Piscina, solarium, bar, salones sociales bar piscina, cafetería, auditorium, bar musical, etc.*

NOCHE EXTRA:
Hab. DOBLE: 8.750
Supl. INDIV: 4.610

H. RIALTO ***
Fernando, 42. Barcelona.
***Situación:** En pleno Barrio Gótico.*
***Servicios:** Habitaciones insonorizadas con t.v. color, baño completo, tfno., aire acondicionado e hilo musical. Salones muy confortables, cafetería, bar, etc.*

NOCHE EXTRA:
Hab. DOBLE: 5.400
Supl. INDIV: 2.730

H. DANTE ****
Mallorca, 181. Barcelona.
***Situación:** A escasos m. de la Diagonal y Pso. Gracia.*
***Servicios:** Habitaciones con baño completo, t.v. color vía satélite, minibar, etc. Garage propio, salones sociales, etc.*

NOCHE EXTRA:
Hab. DOBLE: 5.600
Supl. INDIV: 2.270

c) ¿Y usted? Elija un hotel.
Suchen Sie sich ein Hotel aus, ohne den Namen zu verraten. Ihr Nachbar/Ihre Nachbarin wird Ihnen Fragen zur Ausstattung Ihres Hotels stellen, die Sie nur mit ja oder nein beantworten, bis er/sie das Hotel erraten hat.

MODELO ¿Su hotel tiene garaje?

14

Ordene.
Leider haben Sie beim Aufräumen einen Brief zerrissen, den Sie an ein Hotel schicken wollten. Ordnen Sie die Schnipsel, damit Sie den Brief neu schreiben können.

15

¿Correcto o falso? Escuche esta conversación telefónica y marque.

1. La señora busca una habitación individual. (C/F)
2. La señora quiere ir en junio. (C/F)
3. Todas las habitaciones tienen televisión. (C/F)
4. La señora quiere llevar a su hija. (C/F)
5. La señora reserva una habitación doble. (C/F)

16

El hotel del tío Gilito.
Ihr verstorbener Onkel hat Ihnen dieses Hotel hinterlassen, das Sie bewirtschaften müssen. Schreiben Sie einen kleinen Werbetext, in dem Sie Vorzüge und Serviceleistungen des Etablissements beschreiben. Denken Sie daran, daß Texte in Reiseprospekten es mit der Wahrheit nicht immer so genau nehmen ...
Verwenden Sie Verben wie **recomendar**, **organizar**, **disponer de**, **tener**.

17

¿Qué tiempo hace normalmente...

...en Londres en noviembre?
...en Sevilla en agosto?
...en Moscú en invierno?
...en los Alpes en diciembre?
...en Alemania en abril?
...en la costa holandesa en mayo?
...en Florida?
...en la Costa del Sol?

18

Lea esta descripción de Ecuador y apunte algunas características de las diferentes zonas climáticas.

Clima: En Ecuador – como en otros países de Latinoamérica – hay diferentes zonas

climáticas. En la costa del Océano Pacífico, cerca de Guayaquil, el clima es suave[1], es decir, no hace mucho calor. En esta zona el verano va desde mayo a noviembre y es la estación seca, y en los meses de julio y agosto, debido al[2] viento del mar, las temperaturas pueden bajar a 20 grados.

En la tierra baja también hay seis meses de verano y seis de invierno. En verano, de octubre a marzo, el clima es seco como en los países mediterráneos. Hay temperaturas entre 25 a 30 grados, e incluso en diciembre y enero llegan a más de 30°. En los meses de invierno llueve mucho.

En la sierra hay temperaturas muy extremas. Por la mañana hace unos cinco grados, y la temperatura llega a 25° hacia las doce o la una. Muchas veces hay nieblas por la tarde, y entonces las temperaturas bajan hasta 0 grados. En los volcanes, como por ejemplo el Chimborazo, hay nieve eterna. En la sierra la estación de las lluvias (o del invierno) es de mayo a septiembre, pero en los Andes no hay tantas lluvias como en la costa o en la tierra baja.

1) *mild* 2) *bedingt durch*

Costa del Pacífico	Tierra baja	Sierra / Andes

C. Volver al pasado

19

Complete con las formas del Indefinido de los verbos.

llegar
pintar
vivir
ser
recibir*
escribir

1. Picasso ____________ *Guernica* en 1937.
2. Los árabes ____________ en España casi 800 años.
3. Colón ____________ a América el 12 de octubre de 1492.
4. Cela ____________ la novela *La familia de Pascual Duarte* en 1942.
5. El primer hombre en ir a la luna ____________ Neil Armstrong en 1969.
6. Gabriel García Márquez ____________ el Premio Nobel de Literatura en 1982.

* *erhalten*

20

a) Su día de ayer: Conteste a las preguntas.

¿Tomó café para desayunar ayer?
¿Qué más tomó?
¿Fue al trabajo o trabajó en casa?
¿Cuántas horas trabajó ayer?
¿Practicó algún deporte?
¿Cenó solo o en compañía?
¿Qué programa vio en la tele?
¿A qué hora se acostó?

b) Pregunte a dos compañeros/-as.
Befragen Sie zwei Kursteilnehmer/innen nach ihrem Tagesablauf von gestern. Verwenden Sie die Fragen von oben und notieren Sie die Antworten in Ihrem Heft.

MODELO ¿Tomaste café para el desayuno ayer?

Usted	Compañero/-a 1	Compañero/-a 2

c) Comente los resultados a sus compañeros/-as.

MODELO Anna, Stefan y yo tomamos café ayer.

21

Escriba su biografía.
Schreiben Sie etwas über Ihr Leben. Die folgenden Angaben helfen Ihnen dabei.

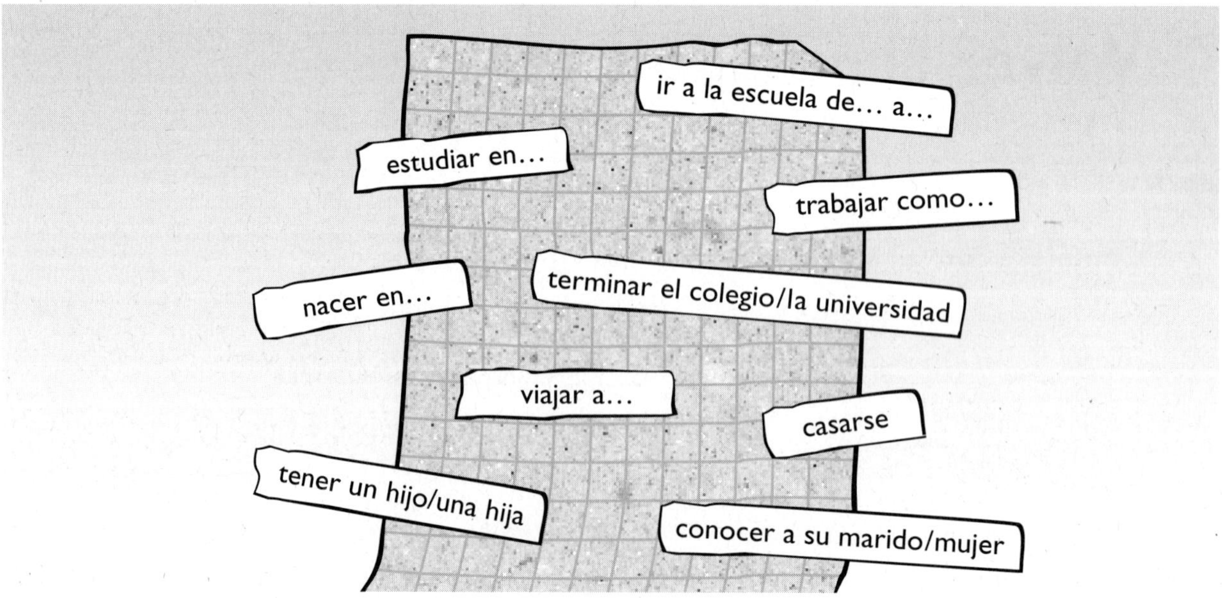

22

¿Recuerda el anuncio sobre Guatemala? Lea este texto sobre los mayas y marque la traducción correcta de las palabras.

Los mayas

No se sabe mucho del origen del *pueblo* maya, pero sí conocemos hoy bastante bien su cultura.

Los mayas llevaron probablemente una vida nómada hasta que, más o menos en el año 2000 a. C. (antes de Jesucristo), llegaron a América Central.

Durante los tres primeros siglos después de Jesucristo los mayas *fundaron* varias ciudades. Tikal, en Guatemala, fue la ciudad más grande y la más importante, pero los mayas vivieron también en México, por ejemplo en Palenque y en Chichén-Itzá.

Guatemala fue durante muchos siglos el centro cultural de América del Sur.

Los mayas *desarrollaron* una civilización con complejas estructuras sociales y políticas, con una lengua y una cultura *comunes*. También llegaron a tener sorprendentes *conocimientos* de las ciencias, sobre todo en las matemáticas y la astronomía.

Descubrieron y perfeccionaron una *escritura* de jeroglíficos que permitió más tarde a los especialistas interpretar muchos aspectos de su civilización y de su historia.

Pero no fueron un pueblo *pacífico*. En muchas guerras lucharon contra sus vecinos.

Algunas de las costumbres de los mayas hoy nos parecen crueles y poco humanas.

pueblo
- ☐ Volk
- ☐ Dorf

escritura
- ☐ Schrift
- ☐ Schriftstück

fundar
- ☐ finden
- ☐ gründen

conocimientos
- ☐ Kenntnisse
- ☐ Bekanntschaft

desarrollar
- ☐ entdecken
- ☐ entwickeln

común
- ☐ gemeinsam
- ☐ gewöhnlich

pacífico
- ☐ am Pazifik gelegen
- ☐ friedlich

b) ¿Correcto o falso? Marque estas frases según el texto.

1. Los mayas vivieron siempre en América Central. (C / F)
2 Fundaron varias ciudades, por ejemplo, Tikal. (C / F)
3. Desarrollaron las matemáticas y la astronomía. (C / F)
4. Fueron un pueblo pacífico. (C / F)

c) ¿Conoce otras antiguas culturas latinoamericanas?

23

Ordene las palabras.

esquiar
guía turística
tomar el sol
lugares históricos
aventura en la jungla
arqueología
bailar
visitar museos
levantarse tarde
playa
cámping
arquitectura gótica
bicicleta
exposiciones
dormir la siesta
nadar
leer libros
escapar del estrés

24

¿Cómo se dice en español?

Wie fragen Sie, ob
... man Ihnen ein Hotel empfehlen kann?
... das Hotel eine Garage hat?
... es Vollpension gibt?
... das Hotel die ganze Nacht geöffnet ist?
... die Zimmer Klimaanlage haben?
... Sie ein Auto mieten können?

Und was sagen Sie, wenn ...
... Sie ein Zimmer reservieren möchten?
... Sie sich über Gruppenreisen informieren möchten?
... Sie DM in Peseten wechseln möchten?
... Sie ein Einzelzimmer mit Dusche reservieren möchten?
... wissen möchten, wann der Bus abfährt?
... Sie ein Haus am Meer mieten möchten?

25

Palabras, palabras, palabras...
Erstellen Sie eine Wörtersammlung mit den Begriffen dieser Unidad, die Sie sich merken wollen.

Revuelto

1

a) ¿Qué situaciones son?
Überall um Sie herum wird gesprochen, Sie können aber immer nur einige Gesprächsfetzen verstehen. Lesen Sie diese Wörter und bestimmen Sie, um welche Situationen es sich handelt.

1. me queda un poco estrecha ... el azul no me gusta ... probadores
2. ida y vuelta ... por la mañana ... salida ... llegada
3. una individual ... desayuno incluído ... niños ... campo de tenis ... sauna
4. sopa de ajo ... de segundo ... vino tinto ... con leche

b) Escriba un diálogo para una de las situaciones y léalo a la clase.

2

En la estación.
Sie holen jemanden vom Zug ab. Auf dem Bahnhof gibt es viele Lautsprecherdurchsagen. Welche Art von Durchsagen erwarten Sie? Vergleichen Sie mit den folgenden Sätzen.

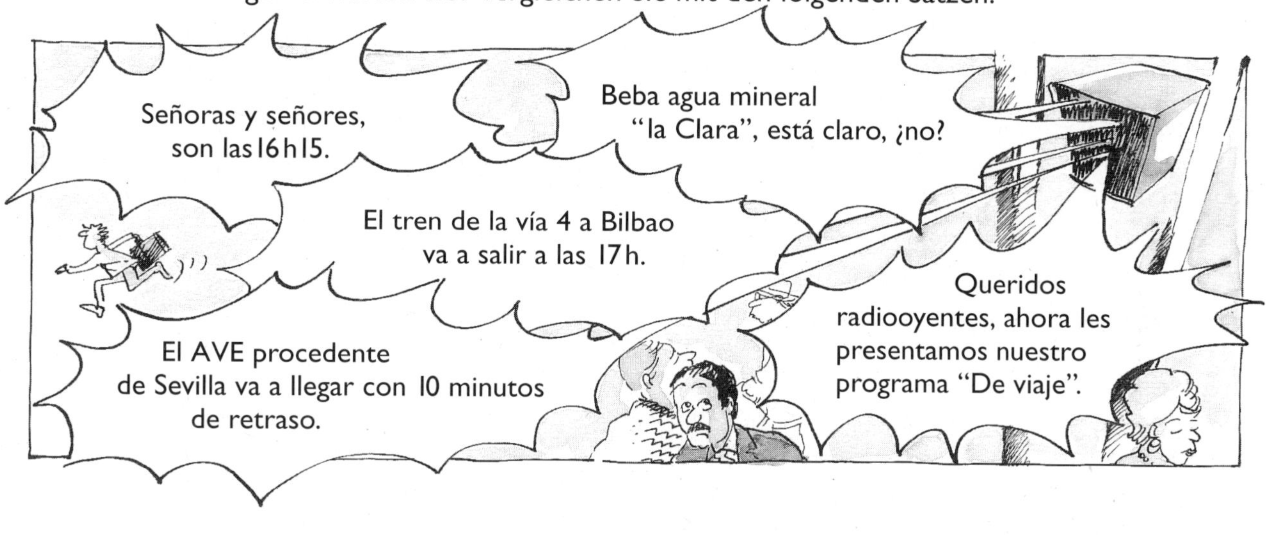

3

a) Una llamada al dentista.
Sie rufen in einer Zahnarztpraxis an, um einen Termin zu vereinbaren. Es antwortet der automatische Anrufbeantworter. Bevor Sie die Cassette hören, notieren Sie, was möglicherweise gesagt wird, und vergleichen Sie dann die Ergebnisse untereinander.

b) Escuche la casete y compruebe.

c) Escuche otra vez y complete el cartel.

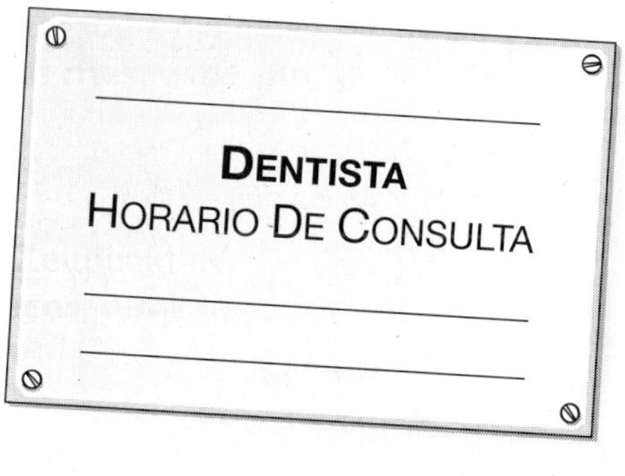

4

Complete este crucigrama con los contrarios de estas palabras.

1. ciudad
2. nieta
3. cerrar
4. hombre
5. tarde
6. empezar
7. contestar
8. todo
9. nervioso
10. después
11. bueno
12. cerca
13. día
14. acostarse
15. negro
16. padres
17. mayor
18. poco
19. igual
20. trabajo

5

a) Complete las expresiones con *tener*.

Hier sehen Sie Ausdrücke mit **tener**. Tragen Sie die fehlenden ein.

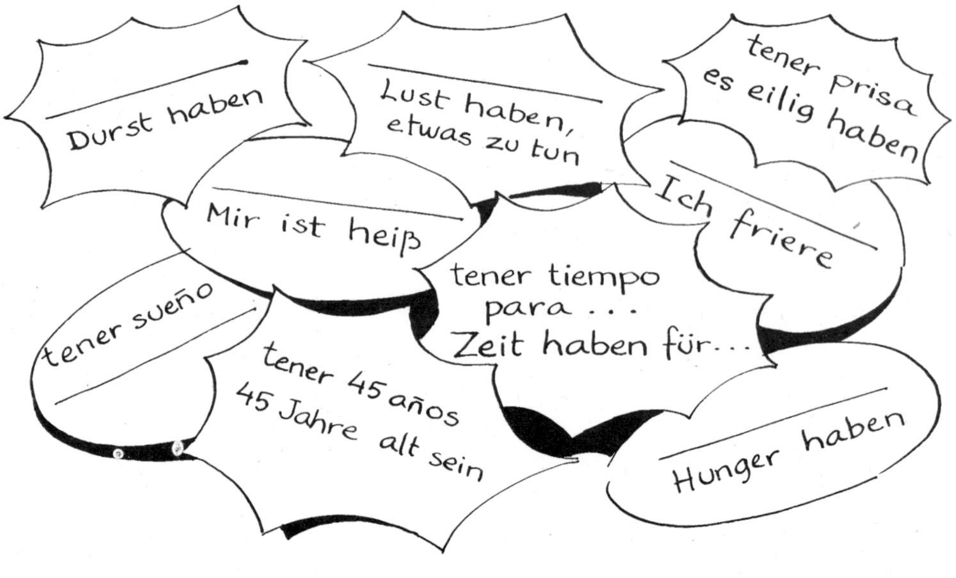

b) ¿Cómo se dice en español?
Schreiben Sie auf, was Sie sagen, wenn ...

... Sie wissen möchten, wie alt Ihr/e Kursleiter/in ist.
... Ihnen kalt ist.
... Ihnen warm ist.
... Sie es eilig haben.
... Sie Lust haben, ins Kino zu gehen.
... Sie müde sind.

6

a) Complete con los verbos y los pronombres.
Setzen Sie die Verben und Pronomen ein. Beachten Sie, daß manche Wörter einen Akzent erhalten.

buscar
decir
ver
esperar
hacer
probar
dar
ducharse

1. • ¿Le doy a Julia las flores o los bombones? ¿Qué te parece?
   ○ ___________ mejor las flores. Creo que no le gusta el chocolate.
2. • ¿Has hecho ya las camas? Tenemos que irnos.
   ○ Un momento, estoy ___________.
3. • Andrés, ¡tienes que ver el partido de esta noche! ¡Seguro que va a ser fantástico!
   ○ Pues no, no pienso ________. A mí, el fútbol no me gusta nada.
4. • Oye, Carlos, ¿has terminado en la ducha? ¡Tengo prisa!
   ○ No, todavía estoy ___________.
5. • ¿Qué tal el pescado?
   ○ Está riquísimo. ¿Quieres ___________?
6. • Oiga, ¿puede ___________ dónde hay una farmacia?
   ○ Pues, sí, hay una al final de esta calle, en la Plaza de las Flores.
7. • ¿Nos vamos, señor Gómez?
   ○ ___________ un momento. Es que he olvidado mi monedero*.
8. • Mamá, ¿dónde están mis botas?
   ○ Ay niña, ¡___________ tú! Tengo muchas cosas que hacer.

* *Geldbörse*

b) ¿En qué frase de a) se pueden poner los pronombres también delante del verbo?
In einigen dieser Sätze kann man das Pronomen auch vor das Verb setzen. Schreiben Sie die Sätze auf. Sehen Sie evtl. im Lehrbuch (S. 117) nach.

7

¿Qué está haciendo este chico?

8

¿Le interesa ir de vacaciones a Chile? Lea estas informaciones.

Sie möchten Ihren nächsten Urlaub in Chile verbringen und haben in Ihrem Reisebüro folgende Informationen bekommen. Schreiben Sie an eine/n Freund/in und überzeugen Sie ihn/sie mitzukommen, indem Sie berichten, was man dort alles unternehmen kann.

VALDIVIA Y SIETE LAGOS
Servicios Turísticos

PASEOS TERRESTRES Y FLUVIALES	Vehículo	Fecha	Duración
City Tour Valdivia		T Año	4Hrs
Tour Fluvial Islas Teja, del Rey, Mancera		T Año	6Hrs
Tour por Rio Calle Calle y vuelta a Isla Teja		T Año	4Hrs
Tour Fluvial a Islas Teja, del Rey, Mancera, Puerto de Corral y Niebla		T Año	1día
Lago Ranco, Futrono, Llifén.		T Año	1día
Lago Panguipulli, Lago Riñihue, Excursión Volcán Choshuenco.		Oct a Marzo	2días
Termas de Liquiñe		Oct a Marzo	1día, 2días
Excursión a Caballo Volcán Quetrupillán		Oct a Marzo	2días

9

Complete.

1. ______ mujer ______ vieja del mundo se llama Jeanne Luise Calment. Nació el veintiuno de febrero de 1875.
2. Los Pirineos son ______ altos ______ los Alpes.
3. París es ______ grande ______ Múnich.
4. Los españoles duermen ______ ______ los grecos.
5. Michael Tan tiene siete años. Es ______ estudiante universitario ______ joven del mundo.
6. Austria tiene ______ habitantes ______ Argentina.
7. ______ región ______ seca del mundo es la costa en el norte de Chile, entre Arica y Antofagasta.

más ...	que ...
menos ...	que ...
el ...	más ...
la ...	más ...
los ...	más ...
las ...	más ...

Lerntip

Über den Gebrauch des Perfecto und des Indefinido entscheidet nicht die objektiv vergangene Zeit, sondern die persönliche Haltung der Sprecher. So kann ein weiter zurückliegendes Geschehen aus der Sicht eines Sprechers einen so engen Bezug zur Gegenwart bekommen, daß er das Perfecto verwendet, während er ein Geschehen vom Vortag im Indefinido darstellt.

Este año he pasado mis vacaciones en Mallorca.
En julio pasé mis vacaciones en Mallorca.
Ayer me compré un traje nuevo.

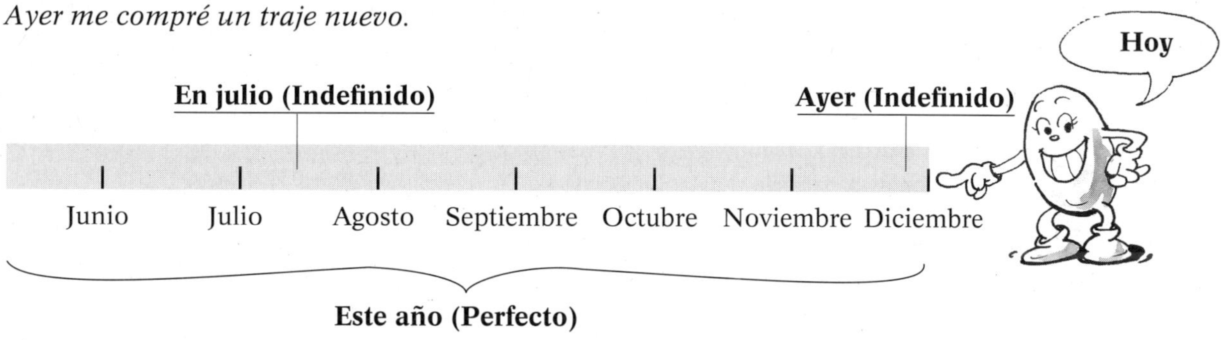

Allerdings gibt es bestimmte Signalwörter, die nur mit einer der beiden Zeiten verwendet werden können. In der folgenden Übung sehen Sie einige der wichtigsten dieser Wörter.

10

¿Perfecto o Indefinido?
Jemand möchte mehr über Sie erfahren. Schreiben Sie fünf Sätze über sich und verwenden Sie dabei einige der folgenden Ausdrücke und die passenden Vergangenheitsformen. Um sicher zu sein, welche Zeit Sie verwenden müssen, schreiben Sie die Ausdrücke in die richtigen Kästchen.

hoy · anoche · este verano · alguna vez · el mes pasado · ya · este año · todavía no · ayer · en 1990 · en abril · nunca · esta semana · siempre · hace tres meses

Indefinido (Kein Bezug mehr zur Gegenwart)	**Perfecto** (Bezug zur Gegenwart)

11

a) Lea las frases y decida dónde faltan los acentos gráficos.
In diesen Sätzen sind die Akzente auf den Verben verschwunden. Lesen Sie sie und entscheiden Sie, welche Verbform einen Akzent tragen muß.

- Los domingos siempre canto en el coro de la iglesia.
- El verano pasado viaje por primera vez en avión.
- Pase, pase, la puerta está abierta.
- El viernes Luis se quedo hasta las 9 en la oficina.
- Cuando fui a Granada, pase por la Sierra Nevada.
- Normalmente trabajo solamente por las mañanas.
- Monserrat Caballé canto ayer en el Liceo de Barcelona.
- Antonio trabajo dos años en la Siemens de Múnich.
- Viaje con nosotros a los Pirineos.
- Este fin de semana me quedo en casa.

b) Lea las frases en voz alta.
Lesen Sie die Sätze laut vor und korrigieren Sie sich gegenseitig.

c) Escuche y marque.
Was haben Sie gehört? Markieren Sie.

	Indefinido	Präsens/Imperativ
1.		
2.		
3.		
4.		
5.		
6.		

12

a) ¿Recuerda el texto sobre Pedro Almodóvar? Complete la biografía.

1. Almodóvar ______________ en un pueblo pequeño en la provincia de Ciudad Real.
2. En 1968 ______________ a Madrid.
3. Después de trabajar en la Compañía Telefónica ______________ guiones para comics.
4. También ______________ para algunas revistas de "underground".
5. ______________ parte de un grupo de teatro.
6. ______________ como director de cine con la película "Pepi, Luci, Bom y otras chicas del montón".
7. Su gran triunfo ______________ en 1988 con "Mujeres al borde de un ataque de nervios".
8. Hasta ahora ha recibido muchos premios por esta película, y en 1989 incluso ______________ una nominación para el Óscar.

b) Si quiere puede comparar con las informaciones en el Libro del Alumno (pág. 119).

13

a) Lea lo que dice Almodóvar sobre el teléfono.

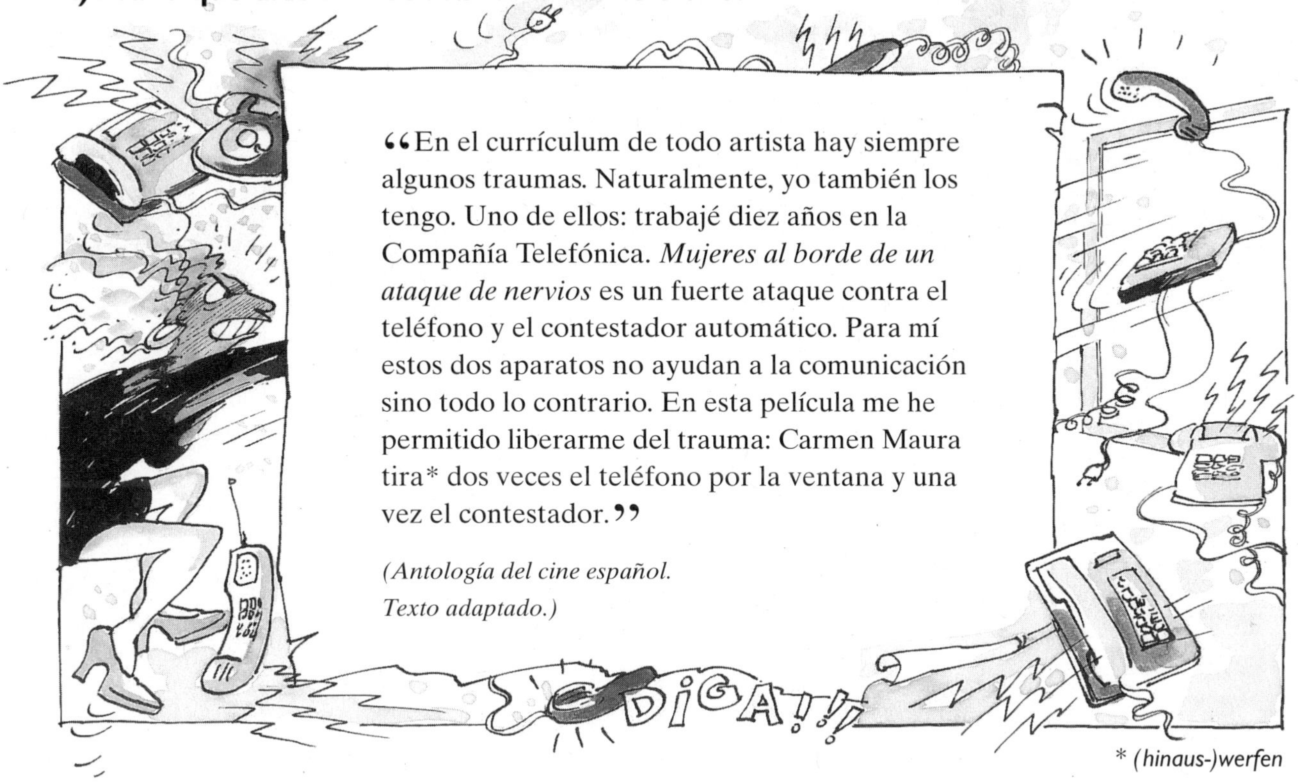

“En el currículum de todo artista hay siempre algunos traumas. Naturalmente, yo también los tengo. Uno de ellos: trabajé diez años en la Compañía Telefónica. *Mujeres al borde de un ataque de nervios* es un fuerte ataque contra el teléfono y el contestador automático. Para mí estos dos aparatos no ayudan a la comunicación sino todo lo contrario. En esta película me he permitido liberarme del trauma: Carmen Maura tira* dos veces el teléfono por la ventana y una vez el contestador.”

(Antología del cine español. Texto adaptado.)

* *(hinaus-)werfen*

b) ¿Y usted?

¿Odia o ama el teléfono?
¿Con quién habla regularmente por teléfono?
¿Con quién no le gusta hablar por teléfono?
¿Qué números de teléfono sabe de memoria?
¿Tiene contestador automático?
¿Cómo reacciona si llama y contesta el contestador automático?

14

a) Mire esta historia.

b) ¿Cómo continúa la historia? Piensen ustedes en posibles finales.

15

Cuente las historias de Clara y de Julián.

Hier sehen Sie, was Clara und Julián letzten Monat passierte. Ordnen Sie die Bilder und erzählen Sie die beiden Geschichten nach.

Test

1

Busque la respuesta adecuada.

1. ¿Tiene hora?
   - Sí, son las cuatro menos diez.
   - A las ocho y cuarto.
   - De 8 a 9.

2. ¿Tienen pensión completa?
   - No, solamente media pensión.
   - Lo siento, sólo queda una habitación doble con ducha.
   - Sí, todas tienen teléfono y ducha.

3. ¿Cuándo sale el próximo tren para Madrid?
   - Desde Chamartín, vía 8.
   - A 10 metros tiene uno.
   - A las catorce cuarenta.

4. ¿Hay un cámping cerca de aquí?
   - Pues a mí los cámpings no me gustan.
   - Sí, hay uno a cinco kilómetros del centro.
   - Lo siento, pero el cámping cierra a las doce.

5. ¿Está Pepa, por favor?
   - ¿De parte de quién?
   - ¿Dígame?
   - ¿Quiere dejar algún recado?

2

Formule consejos con *tú* y con *usted*. Para unas vacaciones seguras:

Hacer un seguro
Reservar los billetes un mes antes
Recoger los pasaportes
Llevar cheques de viaje

3

Traduzca.

1. Können Sie einen Computer bedienen?
2. Ich kann heute nicht Ski fahren, weil ich arbeiten muß.
3. Können Sie Tennis spielen?
4. Können Sie Französisch sprechen?
5. Entschuldigen Sie, können Sie mir 5.000 pts. wechseln?
6. Ich kann nicht Klavier spielen.

4

En esta carta faltan las formas del perfecto. Póngalas.

Querido Pepe:

Este año no (*tener*) ____________ mucho tiempo, por eso no te (*escribir*) ____________ antes. (*Tener*) ____________ mucho trabajo: (*Hacer*) ____________ el examen final en la Universidad y, ¡(*aprobar*) ____________! ¡Qué alegría!

Luego, en abril (*ir*) ____________ de vacaciones a Francia y en mayo (*empezar*) ____________ a trabajar en un bar por las noches. ¡Qué trabajo más duro*! Pero desde septiembre doy clases de alemán en una escuela privada y, por eso, (*dejar*) ____________ de trabajar en el bar.

¿Qué tal estáis todos? ¿(*Ver*) ____________ a Álvaro? ¿Dónde vive ahora? No (*recibir*) ____________ noticias de él. Quiero visitarte el mes que viene. Escríbeme si tienes tiempo.

Hasta pronto. Un abrazo.

Gerardo

* *hart*

Salud, divino tesoro

A. ¡A practicar!

1

Ordene las partes del cuerpo.
Ordnen Sie die Wörter in der Reihenfolge von Kopf bis Fuß.

brazo | ojo | pie | boca | mano
oreja | dedos | pierna | nariz | dientes

2

a) Un juego.
Hier sehen Sie die Definitionen einiger Körperteile. Die gesuchten Wörter finden Sie in der Tabelle. Streichen Sie die gefundenen Wörter oder schreiben Sie die Nummer der Definitionen daneben.

1. Muchos hombres llevan... encima de la boca.
2. Hablamos y comemos con la...
3. Cuando vienen amigos a casa, los recibimos con los... abiertos.
4. Llevamos el sombrero en la...
5. Tenemos cinco en cada mano y cinco en cada pie.
6. Ojo por ojo y... por...
7. Las usamos para escribir, pero también para muchas otras cosas.
8. Muy importante para perfumes.
9. Los elefantes africanos tienen las... más grandes que los de la India.
10. El... puede ser rubio, castaño, gris, blanco.
11. Nos ponemos los zapatos en los...
12. Las boas no tienen...

diente	qué	(1) bigote	brazos
cabeza	nariz	orejas	bonitos
ojos	piernas	manos	pies
dedos	pelo	tienes	boca

b) Ordene.
Einige Begriffe bleiben übrig. Sie ergeben die erste Zeile eines Liedes.

Solución: ______________________________

c) Ahora escuche la canción.

3

Comente las fotos. Los adjetivos pueden ayudarle.

simpático/-a
feo/-a
agresivo/-a
tranquilo/-a
rico/-a
nervioso/-a
triste
bonito/-a
moderno/-a
alegre
guapo/-a

- ¡Qué chico tan simpático.
- ○ Sí, es simpatiquísimo.

4

a) Complete con estas preposiciones.
Setzen Sie die Präpositionen ein, wo es notwendig ist.

~~a~~
a
a
de
de
de
en
en
~~para~~
para
para
~~por~~
por

Para mantener una buena salud, es muy importante pensar _______ varios aspectos. Además _________ la dieta, todos sabemos que es necesario hacer ejercicio por lo menos dos veces _________ semana, pero la mayoría _______ las personas dice que no tiene tiempo _______ esas cosas. Cada año, _______ enero, algunos se proponen* cambiar su vida. Empiezan _______ ir regularmente al gimnasio, a nadar o _______ hacer yoga, pero después lo dejan _______ hacer, porque es muy difícil ser constante. ¿Usted también ha tenido experiencias en este sentido? ¿Hace realmente algo _________ su salud?

* proponerse = *sich vornehmen*

b) Escriba las preposiciones.
Es gibt Ausdrücke, die immer bestimmte Präpositionen mit sich führen. Hier sehen Sie einige von ihnen. Tragen Sie die richtigen Präpositionen ein.

además _________ dejar _________ acabar _________

empezar _________ pensar _________

c) Complete.
Kennen Sie noch andere Ausdrücke mit Präpositionen? Schreiben Sie sie auf.

5

Reformule las instrucciones usando el imperativo de *usted*.

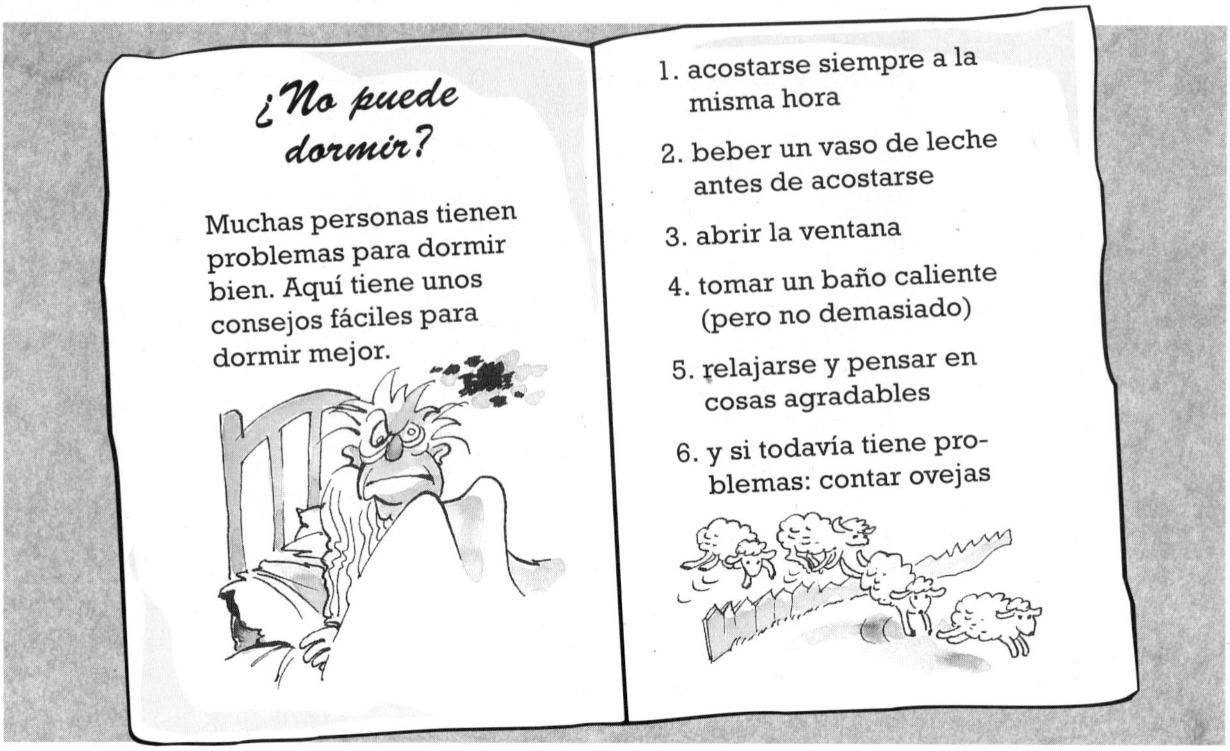

6

Forme el superlativo con *-ísimo* y complete los diálogos.
Schreiben Sie die Form mit **-ísimo** dieser Adjektive auf und ergänzen Sie die Dialoge damit.

blanco	*blanquísimo*	tarde	______
mucho	______	rico	______
caro	______	simpático	______

¿De qué color son los dientes de los fumadores?
¡Con Dentflor, los dientes de los fumadores quedan *blanquísimos*!

1. • Mira ¡qué falda más bonita!
   ○ Sí, me encanta, pero es ______ .
2. • ¡Es ______! Las 2 y media ya. ¿Vamos a casa?
   ○ Bueno, bueno, pero mañana es domingo, no tienes que levantarte temprano.
3. • ¿Te gusta el chocolate?
   ○ Mmmmh, sí, ______ .
4. • ¿Conoces a Inés?
   ○ Sí, claro, es una chica ______ .
5. • ¿Qué tal la paella?
   ○ Está ______ .

7

a) ¡Qué lío!
Sie sind Lehrer/in an einer Schule. Im Kunstunterricht hat Ihnen ein Schüler diese Arbeit über Botero ausgehändigt, die voller falscher Informationen ist. Markieren Sie, was falsch ist.

Fernando Gotero es uno de los pintores más famosos de Venezuela. Nació en 1521 en una familia noble. Pasó toda su vida en su país. Primero vivió en un ambiente de fiestas y lujo[1]. A los 50 años, se fue a vivir a un convento, donde empezó a pintar.
El arte de Gotero tiene características especiales. Siempre pinta santos y mártires[2] muy delgados, con brazos y piernas muy largas. Frecuentemente tienen grandes ojos negros y caras tristes. Son personajes religiosos que sufren[3] mucho. Gotero no fue muy original, copió un poco el estilo de otros pintores de su tiempo pero usó colores más oscuros y tristes. Murió solo y pobre a los 67 años.

1) *Luxus* 2) *Heilige und Märtyrer* 3) sufrir = *leiden*

b) Si quiere puede escribir una biografía correcta de Botero.

B. ¡Que se mejore!

8

a) Mire el diálogo en la consulta del médico (Libro del Alumno, pág. 125).
Notieren Sie, wie die Patientin sagt,

1. daß sie sich nicht wohlfühlt. ____________________
2. daß sie Magenschmerzen hat. ____________________
3. daß sie sich gestern übergeben mußte. ____________________

b) Apunte.
Notieren Sie in den beiden Spalten, wie der Arzt sagt, daß die Patientin/der Patient (Sergio) ...

	La señora (usted)	Sergio (tú)
1. ... sich setzen soll.	__________	__________
2. ... sich die Bluse/das Hemd ausziehen soll.	__________	__________
3. ... sich hinlegen soll.	__________	__________
4. ... sich entspannen soll.	__________	__________

9

a) Unos consejos para llevar una vida sana.
Sie entwerfen einen Gesundheitsratgeber. Schreiben Sie auf, was man tun bzw. nicht tun soll, um ein gesundes Leben zu führen.

1. comer muchos helados y chocolates
2. tomar vitaminas
3. desayunar con tranquilidad
4. ir al médico por lo menos una vez al año
5. tomar antibióticos frecuentemente
6. comer más de dos huevos al día
7. salir al aire fresco con regularidad
8. trabajar mucho
9. beber mucho café
10. hacer mucho deporte

Desayune con tranquilidad. No tome antibióticos frecuentemente...

b) Estas personas llevan una vida extrema. ¿Puede darle consejos a cada una? Use el imperativo de *tú*.

10

Ponga las formas adecuadas de estos verbos.

doler
pasar
faltar
gustar

1. • Buenos días. ¿Qué le ___________ ?
   ○ Ay, doctor, me ___________ mucho las piernas y la espalda. Es que fui a esquiar el fin de semana y me ___________ la práctica.
   • A ver... ¿Le ___________ aquí?
   ○ ¡Aay! Sí, sí, en realidad me ___________ todo el cuerpo. Me ___________ mucho esquiar, pero después me siento fatal.

2. • ¿Ya has leído este artículo? Dice que a muchas personas actualmente les ___________ lo mismo, que les ___________ la espalda porque les ___________ sólo las actividades pasivas como ver tele o jugar en el ordenador...
   ○ Claro, y como luego les ___________ el movimiento físico, pues les ___________ estas cosas.

11

Reaccione y dé consejos a estas personas.

1. • ¡Ay, mira mis manos! Con tantos platos que tengo que lavar...
   ○ ______________________________.

2. • ¡Aaachís! ¡Qué resfriado! Y además tengo tos y me duele la cabeza.
   ○ ______________________________.

3. • OOOhhh. ¡Qué mal me siento! Me duele el estómago y he ido al baño unas cinco veces...
   ○ ______________________________.

4. • ¡Ay!, tengo un dolor de muelas terrible.
   ○ ______________________________.

5. • Uy, me encuentro muy mal. Tengo un dolor de cabeza y tengo sueño. Creo que también tengo fiebre.
   ○ ______________________________.

12

Busque las respuestas que corresponden a las consultas.

Al habla con el doctor

1. Mi hijo tiene muchos complejos porque tiene las orejas un poco despegadas*. ¿Es posible operarlas?

2. Mi hija de 17 años no quiere comer carne. Yo estoy muy preocupada, porque creo que le faltan vitaminas y proteínas. ¿Qué opina usted?

3. Mi marido y yo no queremos tener más hijos. Ya tenemos cuatro y los queremos mucho. Pero los tiempos son difíciles y no queremos otro hijo. ¿Qué podemos hacer?

4. Tengo una amiga que siempre está a dieta. Casi no come y está delgadísima. No me parece normal.

A Vaya a un Centro de Planificación Familiar. Allí le pueden dar los consejos necesarios.

B Muchos jóvenes – pero especialmente las chicas – tienen este problema, que puede ser grave. Acompañe a su amiga al médico. Puede ser algo serio.

C No se preocupe. Es muy posible llevar una vida sana con una alimentación vegetariana. Pida el folleto informativo del Ministerio de Sanidad.

D El problema de su hijo se puede solucionar con una pequeña operación. Consulte a su médico.

* *abstehend*

13

Complete el texto.
In diesem Informationstext sind leider einige Wörter unleserlich. Können Sie sie aus dem Zusammenhang erschließen?

Algunas cosas que debe saber sobre el resfriado:
- Cientos de millones de personas se resfrían en el mundo y ____ miles de millones de pesetas para curarse.
- El resfriado es la ____ contagiosa* más común. La más frecuente no contagiosa es la caries.
- Si usted se ____ fatal, no se preocupe: Es porque sus anticuerpos ya están muy activos.
- La ____ C es el remedio más popular. Por eso, ¡coma mucha fruta!
- Normalmente y con paciencia, un resfriado se cura en siete ____.

**ansteckend*

14

En la farmacia. Escriba un diálogo.

A *el/la dependiente/-a*

Grüßt und fragt, was der Kunde möchte.

Fragt detaillierter nach Symptomen.

Sagt, daß zur Zeit viele Leute eine schlimme Grippe haben.

Erklärt, daß man leider wenig tun kann, außer im Bett zu bleiben. Man kann aber Aspirin und etwas gegen Husten einnehmen.

Schlägt einen Erkältungstee vor.

Zählt die einzelnen Preise auf und nennt die Endsumme.

Bedankt sich und wünscht eine gute Besserung.

B *el/la cliente*

Grüßt und klagt über allgemeines Unwohlsein.

Müdigkeit, etwas Kopf- und Halsschmerzen, auch Verdauungsprobleme.

Fragt, ob man etwas gegen diese Grippe nehmen kann.

Nimmt das Hustenmittel an, aber erklärt, daß er/sie kein Aspirin nehmen will.

Fragt nach dem Preis.

Ist einverstanden und zahlt, bedankt und verabschiedet sich.

Un chiste.
Ein Witz.

- • Doctor, ¿qué puedo hacer para no tener otra gripe?
- ○ Pues... cuide la que ya tiene.

C. Epidemias de hoy

15

Relacione.
Verbinden Sie die Satzteile mit Hilfe der Informationen aus dem Text „Guerra contra el cólera“ (Lehrbuch S. 128).

1. Hugo M. es de Chimbote, → b)
2. Hugo M. empezó
3. Un vecino
4. Aparecieron más casos de cólera en otras ciudades
5. El doctor J. Uribe informó
6. La prensa, radio y televisión
7. Algunos políticos comieron cebiche en la tele
8. El cólera aumentó
9. En todo el país se instaló
10. Para evitar la infección se distribuyeron

a) de toda la costa peruana.
b) un barrio pobre cerca de Lima.
c) de 20.580 casos a casi 55.000 en dos semanas.
d) empezaron a dar consejos para controlar la epidemia.
e) agua clorada y gas.
f) lo llevó al hospital.
g) a sentirse mal, con vómitos y diarrea.
h) al Ministerio de Salud en Lima.
i) para tranquilizar a la gente.
j) un sistema de servicios de salud.

16

¡Qué mancha! ¿Puede reconstruir el ejercicio?
Andrea trinkt gerne Kaffee, wenn sie ihre Spanischübungen macht. Heute hat sie gerade eine Liste mit unregelmäßigen Indefinido-Formen geschrieben, als ihr die Tasse umkippt und die Übung fast unleserlich macht. Können Sie sie rekonstruieren?

17

Complete las frases usando Indefinido o Perfecto.
Schreiben Sie acht Sätze über sich, die mit diesen Zeitangaben beginnen.

1. Ayer, por la mañana...
2. Esta semana...
3. Hoy no...
4. El fin de semana pasado...
5. Este año...
6. En las últimas vacaciones...
7. Este verano...
8. En 1993...

18

¿Qué palabra no corresponde?
In jeder Zeile gibt es ein Wort, das nicht zu den anderen paßt. Finden Sie diese Wörter und vervollständigen Sie mit den zugehörigen Buchstaben den unten stehenden Satz.

Q	hospital	E	operación	O	ambulancia	L	pierna
L	ojos	M	nariz	A	pie	B	boca
S	estómago	I	orejas	E	manos	F	pies
A	deporte	Q	fiebre	J	cólera	D	gripe
M	pastillas	L	cama	R	manzanilla	G	aspirina
T	médico	C	paciente	U	botella	S	consulta
H	tos	E	dolor de muelas	Z	resfriado	D	buen humor

Solución: Recuerda que lo más importante en la vida es ____________________.

19

Con las partes de este puzzle puede usted reconstruir un pequeño texto informativo sobre una epidemia de hoy.

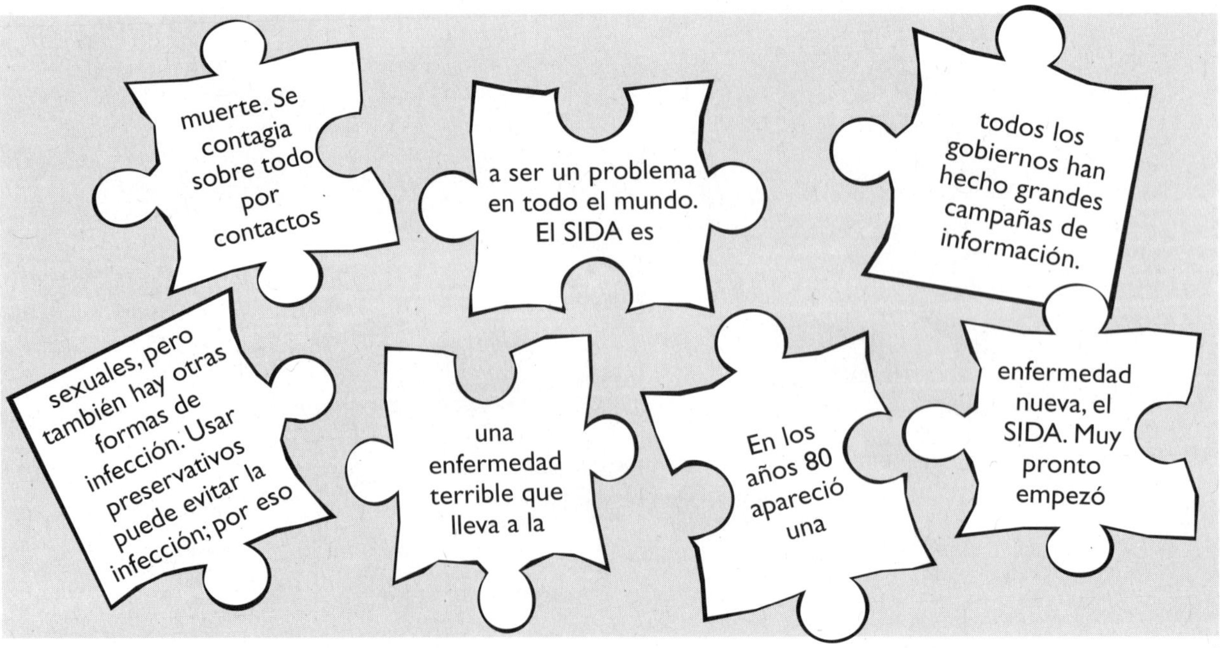

20

a) ¿Qué da SIDA? Lea este documento de una campaña contra el SIDA.
Was überträgt AIDS? Viele Menschen begegnen AIDS-Kranken mit Vorurteilen und meiden den Kontakt zu ihnen. Hier sehen Sie eine Informationskampagne, die in Spanien und Lateinamerika gestartet wurde, um solche Vorurteile abzubauen.

relaciones sexuales sin preservativo

beber del mismo vaso o de la misma botella

jugar

utilizar la misma jeringa

transmisión de la madre al bebé antes de nacer

intercambiarse la ropa

intercambiar la máquina de afeitar y otros objetos que cortan

darse la mano

intercambiarse el cepillo de dientes

relaciones sexuales con preservativo

las picaduras de mosquitos

b) ¿Qué da SIDA y qué no da SIDA?
Was kann AIDS verursachen und was nicht? Schreiben Sie es auf.

SÍ DA	NO DA

21

Palabras, palabras, palabras...
Erstellen Sie eine Wörtersammlung mit den Begriffen dieser Unidad, die Sie sich merken wollen.

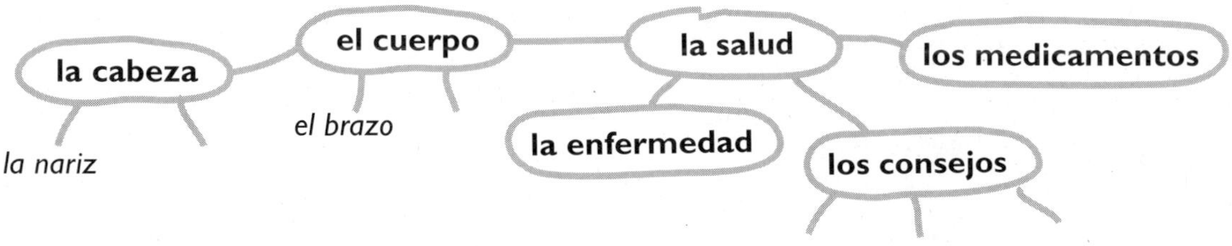

Vivir, antes y hoy

A. Se alquila piso

1

Mire esta foto. ¿Cuáles de estas cosas tiene esta casa?

terraza

fachada

antena parabólica

flores

ventanas

balcón

chimenea

patio

calefacción

techo

2

Busque la traducción de las palabras en alemán en esta sopa de letras.

A	Z	U	E	S	T	A	N	T	E	R	Í	A
J	B	A	L	C	Ó	N	P	E	L	O	R	A
D	U	C	H	A	S	I	L	L	A	A	T	R
O	L	M	V	O	A	C	B	E	P	R	F	O
L	L	S	F	B	L	O	R	M	Ó	M	N	D
L	A	Á	I	O	T	C	Á	E	C	A	M	A
I	V	C	Ñ	A	N	L	C	S	A	R	L	V
S	A	A	T	E	C	H	O	A	Ó	I	S	A
A	B	H	E	I	R	O	D	E	M	O	C	L
P	O	D	O	R	M	I	T	O	R	I	O	N

~~Regal~~
Dusche
Lampe
Stuhl
Flur
Eßzimmer
Fernseher
Schlafzimmer
Balkon
Schrank
Waschbecken
Bad
Bett
Wasch-
maschine
Dach
Sofa
Tisch
Küche

3

a) ¿Dónde tiene usted estos objetos?

teléfono
cuadros
aspiradora
armario
lavadora
televisor

b) ¿Dónde hace las actividades siguientes?

planchar
ver la tele
desayunar
almorzar y cenar
leer
escuchar la radio

4

Reaccione frente a estas frases.

1. Mi piso tiene cuatro habitaciones.
   MODELO› El mío...
2. Nuestros vecinos son muy simpáticos.
3. Mi piso no tiene cuarto de baño.
4. Nuestro coche es azul.
5. Nuestra ciudad es bastante grande, tiene 350.000 habitantes.
6. Nuestra casa tiene antena parabólica.
7. Mi cocina es muy pequeña.
8. Nuestros tíos viven en el campo.

5

a) Alfredo tiene su primer piso propio. Describa el dibujo.

b) La madre de Alfredo también tiene una llave. Después de una visita "sorpresa", le deja a su hijo muchos consejos. Complete.

Pon tu ropa en el armario. Tienes que lavar...

6

a) Evelina es estudiante y quiere alquilar una habitación o un piso amueblado.
Evelina ruft eine Vermieterin an und möchte wissen, ...

1. ... auf welcher Etage sich das Zimmer befindet.
2. ... ob es im Gebäude einen Fahrstuhl gibt.
3. ... ob das Zimmer zur Straße liegt.
4. ... welche Möbel sich darin befinden.
5. ... wann sie das Zimmer besichtigen kann.
6. ... wieviel das Zimmer kostet.

b) La dueña explica a Evelina las reglas de la casa. Escuche atentamente y anote las cosas que no se pueden hacer.

7

¿Adjetivo o adverbio? ¿Cómo se dice en español?
Sagen Sie daß ...

1. ... Ihre Mutter gut kocht.
2. ... der Patient sich schlecht fühlt.
3. ... der Wein gut ist.
4. ... Sie häufig in einem spanischen Restaurant essen.
5. ... Sie in einem ruhigen Stadtviertel wohnen.
6. ... Sie sonntags ruhig die Zeitung lesen.
7. ... Ihr Auto sehr bequem ist.
8. ... Sie den Unterschied zwischen Adjektiv und Adverb leicht gelernt haben.

8

Ordene estas palabras.
Mit welchen der folgenden Wörter können Sie ein Haus beschreiben, mit welchen eine Person und mit welchen beides?

delgado
joven
moderno
alto
nuevo
bonito
alegre
antiguo
original
tradicional
viejo
moreno
típico
oscuro
simpático

casa	persona

9

a) Lea este anuncio y busque la traducción de estas palabras alemanas.

Bettbezug

ausschütteln

Federbett

b) Según el anuncio, ¿cuáles son las ventajas del edredón "Nórdico"?

c) ¿Ya ha dormido en una cama española? ¿Es diferente?

Con este edredón "Nórdico" las camas siempre están hechas y ordenadas. Basta con sacudirlo por la mañana y ya está.

No sólo terminas antes, además, duermes mejor. Porque el edredón "Nórdico" es más cómodo. Calienta más y pesa menos.
Es más bonito, porque hay fundas en todos los colores para elegir y cambiar.

Si quieres tener menos trabajo y dormir mejor, haz como los nórdicos. No hagas la cama.

B. ¿Cómo era antes?

10

Haga preguntas y conteste.
Überlegen Sie sich fünf Fragen aus dem Text über Pals (Lehrbuch, S. 135) und schreiben Sie sie auf. Stellen Sie sich dann gegenseitig die Fragen und beantworten Sie sie.

MODELO • ¿Dónde se cocinaba?

11

La abuela cuenta a su nieta algo de su vida. Complete el diálogo con las formas del imperfecto de estos verbos.

hacer · jugar · ayudar · ser · vivir · gustar · ir · haber · pegar* · trabajar · hablar · tener · poder

* *schlagen*

- Abuela, ¿qué ______ cuando ______ en Zaragoza?
- ○ Pues, ______ a la escuela, porque entonces ______ una niña, exactamente como tú.
- ¿Y ______ muchos amigos?
- ○ Amigas, hija, amigas, porque no ______ escuelas mixtas como hay ahora.
- Huy, ¡qué bien! Los niños son siempre unos tontos y molestan a las niñas.
- ○ Pero las maestras ______ muy estrictas. No ______ hablar en clase, y si ______, nos ______ en las manos con una regla.
- Uf, ¿de veras? Entonces, seguro que no te ______ la escuela.
- ○ Bueno, me ______ más que estar todo el día en casa, porque allí ______ que ayudar mucho. Todos los niños ______ en el campo.
- ¿Entonces no ______?
- ○ ¡Claro que sí! No sólo ______, también ______. Los niños siempre lo han hecho, Isabel.

12

¿Qué sabe de la juventud de sus padres?

¿Qué música escuchaban?
¿Qué libros leían?
¿Qué actores de películas les gustaban?
¿Qué tipo de vestidos llevaban?
¿Qué bailaban?
¿Qué hacían en su tiempo libre?
¿Cuántas horas trabajaban por semana?
¿Cómo pasaban las vacaciones?

13

¿Cómo era la situación cuando había dos Alemanias, la República Federal (RFA) y la República Democrática (RDA)?
Schreiben Sie auf, wie es war, als es noch zwei deutsche Staaten gab.

Antes, la gente de la RDA no podía viajar a ...

El apartamento de Mónica.
Monika hat mit ihrer Familie den Urlaub in Teneriffa verbracht. Wieder zu Hause, schreibt sie einer spanischen Freundin etwas über ihr Appartement dort und legt ihr einen Zeitungsausschnitt mit Anzeigen bei. Leider hat sie vergessen, das richtige Appartement anzukreuzen. Finden Sie heraus, um welches es sich handelt.

Querida Nieves:

Como me has dicho que estáis pensando pasar vuestras próximas vacaciones en Tenerife, tengo que recomendarte el apartamento que alquilamos. ¡Estupendo! No era demasiado grande, pero tenía todo lo necesario. Además del dormitorio, había un sofá-cama en el salón, así que Ramoncito podía dormir ahí. El salón era bastante grande y tenía tele en color. Además estaba en un sitio muy tranquilo y había una playa magnífica muy cerca. Sólo teníamos que caminar unos 15 minutos. Todos los días desayunábamos tarde y luego pasabamos el día en la playa. Y al volver, nos quedábamos un poco en la piscina. En casa no había mucho trabajo porque venía un servicio de limpieza dos veces por semana. ¿Verdad que es fantástico? Te envío el anuncio, así puedes reservarlo tú también.

Un beso,
Mónica

Agencia Playasol, Avda. Ramón y Cajal 49, 03002 Alicante

Apartamentos «Las Dunas», Playa de la Arena, Tenerife. *Categoría:* ★★. *Situación:* Centro, pero calle tranquila, a 2000 mts. de la playa. *Características:* 15 apartamentos. 2–5 personas, 50 m². salón, dos dormitorios, cocina y baño. Amueblado (sofá-cama en el salón). Balcón.

Apartamentos «Dunimar», Playa de las Américas, Tenerife. *Categoría:* ★★★. *Situación:* En el pueblo de Adeje, muy tranquilo. A 5 km de la playa. *Características:* 10 apartamentos, 2–7 personas, 70 m². Salón, 3 dormitorios, 2 baños, cocina. TV, lavadora, servicio de limpieza. Terraza grande y piscina.

Apartamentos «Tranquilidad», Playa de San Marcos, Tenerife. *Categoría:* ★★. *Situación:* en Garachico, tranquilo, a 2 km de la playa. *Características:* 20 apartamentos amueblados, 2–3 personas, 40 m². 1 dormitorio, salón con TV y sofá-cama, cocina y baño. Servicio de limpieza. Piscina.

C. Érase una vez...

15

¿Imperfecto o indefinido?
a) Lea estos fragmentos y ponga los verbos en el tiempo adecuado.
Aus dem alten Märchenbuch sind diese Schnipsel herausgefallen. Können Sie sie mit den richtigen Verben vervollständigen?

Todos los días los enanitos (*trabajar*) __________ en la montaña.
Un día al volver a casa (*encontrar*) __________ una sorpresa.

Todos (*estar*) __________ bailando cuando de repente el reloj (*dar*) __________ las doce.
Inmediatamente la hermosa chica (*salir*) __________ de la fiesta sin decir una palabra.

Mientras los siete cabritos (*estar*) __________ solos en casa (*llegar*) __________ lobo y (*comerse*) __________ a todos menos a uno.

Cuando el príncipe joven (*entrar*) __________ en el castillo (*ver*) __________ a la chica que (*estar*) __________ durmiendo...

b) ¿De qué cuentos son estos fragmentos? Busque los títulos en el Libro del Alumno (página 139).

16

Rellene el crucigrama con las formas del indefinido.

Horizontal	Vertical
1. poder, yo	1. tener, él
2. tener, yo	2. almorzar, yo
3. fumar, nosotros	3. poner, yo
4. poner, él	4. volver, ella
5. hacer, ella	5. tener, tú
6. llegar, yo	6. ser, ella
7. estar, vosotros	7. volver, tú
8. hacer, ellos	8. ir, ellos
9. ir, yo	9. querer, él
10. ser, nosotros	10. poder, ella
11. volver, yo	11. ser, yo
12. estar, ustedes	

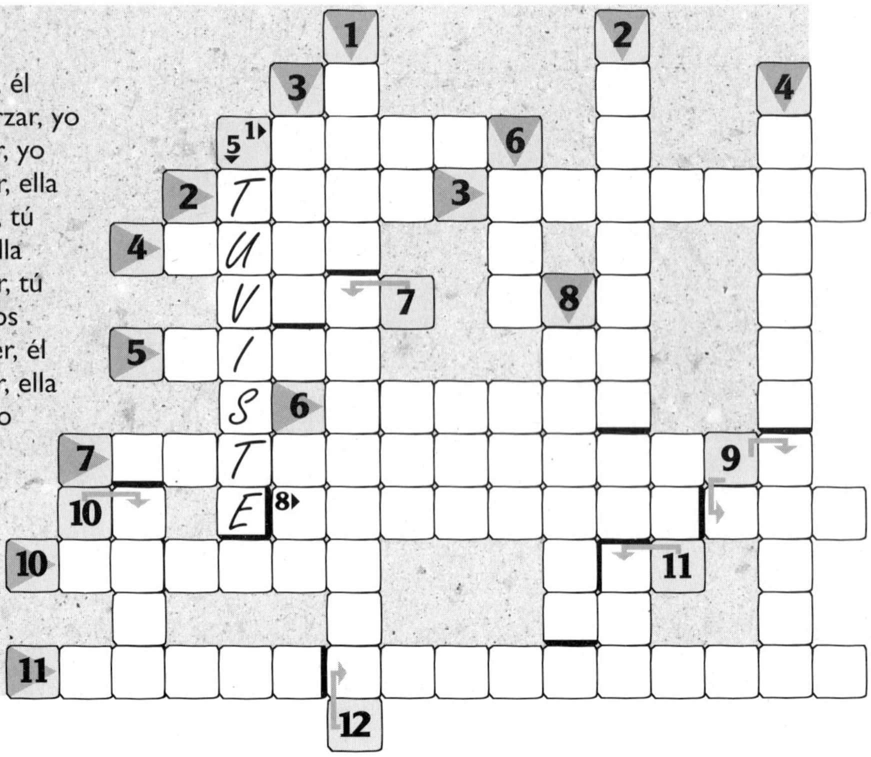

17

¿Indefinido o Imperfecto? Ponga las formas correctas.
Setzen Sie die Verben in die richtige Form. Achten Sie darauf, ob es sich um eine Handlung oder die Beschreibung des Hintergrundes handelt.

1. Caperucita (*estar jugando*) ____________ en la cocina cuando su madre le (*decir*) ____________: Caperucita, tu abuela está enferma.
2. Caperucita (*ir*) ____________ por el camino y (*pensar*) ____________ en su pobre abuela cuando (*encontrar*) ____________ al lobo.
3. Cuando (*entrar*) ____________ en la casa de su abuela, la chica (*ver*) ____________ al lobo que (*estar durmiendo*) ____________ en la cama.
4. Cuando (*ver*) ____________ al lobo, (*sacar*) ____________ un revólver y lo (*matar*) ____________.

LERNTIP

Die Wörter **alguien/nadie/algo/nada** sind, wie ihre deutschen Entsprechungen, unveränderlich und stehen allein. **Alguien** und **nadie** beziehen sich auf Personen, **algo** und **nada** auf Sachen. Übersetzen Sie die folgenden Sätze:

- ¿Quieres algo para comer? ____________
- ○ Gracias, no quiero nada. ____________
- ¿Ha llamado alguien? ____________
- ○ No, no ha llamado nadie. ____________

Alguno und **ninguno** sind veränderlich und stehen entweder allein oder mit einem Substantiv. Sie werden verkürzt und tragen einen Akzent, wenn sie vor einem männlichen Substantiv im Singular stehen: **algún** libro, **ningún** país.
Ningún/ninguno/ninguna gibt es nur im Singular. Übersetzen Sie die folgenden Sätze:

Algunos cuentos parecen violentos. ____________

No hay ninguna cultura sin cuentos. ____________

- ¿Tienes una aspirina? ____________
- ○ No, lo siento, no tengo ninguna. ____________

18

a) Complete las frases con las siguientes palabras.

nada
nadie
ningún/ninguno/-a
nunca

1. • Hola. ¿Ha llamado alguien por teléfono?
   ○ No, no ha llamado nadie.
2. • ¡Lo que me molesta es que tú siempre me contradices!
   ○ ¡No es verdad! Yo casi ____________ lo hago.
3. • Oiga, ¿tienen algún vino español?
   ○ No, señor, lo siento mucho, español no tenemos ____________, pero hay franceses, italianos, ...
4. • ¿Ves a alguien?
   ○ No, no veo a ____________.
5. • Tú tienes algo, Irene. Te conozco bien. Algo te pasa.
   ○ No tengo ____________ y no me pasa ____________. Déjame en paz, ¿quieres?

b) Puede encontrar los contrarios?

alguien ____________ algún ____________ algunas ____________

algo ____________ alguno ____________ siempre ____________

19

Cuenten juntos la versión de Caperucita que ustedes conocen.
Erzählen Sie gemeinsam die „klassische" Version von Rotkäppchen. Eine/r beginnt mit einem Satz, und jede/r fügt einen weiteren hinzu.

20

Lea este texto y trate de dibujar el edificio que describe.

En la calle había muchos turistas mirando la casa y preparando sus cámaras. Estaban esperando al dueño Paolo Wolf, más conocido como actor en la famosa película El Rey de las Pascuas[1].
La casa estaba situada dentro de un jardín enorme con grandes árboles y flores de todos los colores posibles. El edificio era una construcción verdaderamente original. Tenía una base redonda[2] y bastante ancha que se iba haciendo más estrecha hasta el quinto piso. En realidad todo parecía un huevo gigantesco. Desde la calle se veía una puerta entre dos ventanas pequeñas y una escalera que daba al jardín. Los otros pisos tenían cinco ventanas, naturalmente todas en forma de huevo. También tenían un balcón a cada lado del edificio, adornado por pequeñas figuras de liebres[3], una alusión[4] a la familia alemana de Paolo.

1) Pascuas = *Ostern* 2) *rund* 3) liebre = *Hase* 4) *Anspielung*

21

Palabras, palabras, palabras...
Erstellen Sie eine Wörtersammlung mit den Begriffen dieser Unidad, die Sie sich merken wollen.

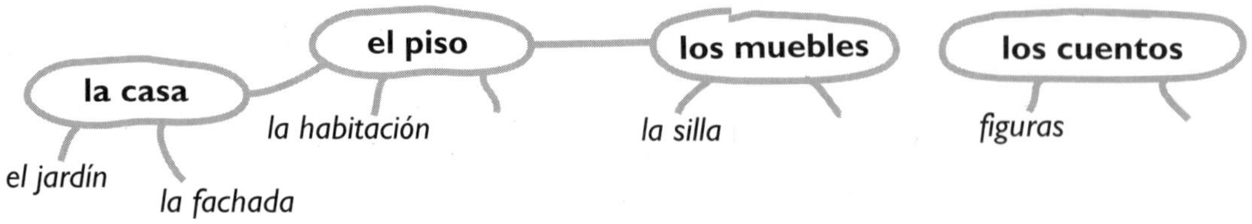

¡Vamos de fiesta!

A. ¡Feliz cumpleaños!

1

Relacione estos fragmentos.
Jeweils zwei Puzzleteile bilden einen Ausdruck zum Thema Geburtstag. Verbinden Sie sie.

2

Complete los diálogos con los pronombres.

1. • Abuela, ¿quién te ha regalado la caja de galletas?
   ○ ¿Las galletas? Pues _________ ha regalado mi nieto Mario.
2. • Oye, Tere, ¿sabes que Ricardo y Federica se han divorciado?
   ○ ¡No me digas! No lo sabía, no _________ han dicho.
3. • Abuela, las flores, _________ ha regalado Jorge, ¿no?
   ○ Sí, sí, son preciosas, ¿no?
4. • ¿Y los bombones? ¿Quién _________ ha regalado?
   ○ _____________ ha regalado Mercedes.
5. • Oye, Julio, ¿ya has preguntado a Adelina si viene con nosotros mañana?
   ○ No, todavía no. _________ voy a preguntar en seguida.
6. • Abuela, ¿quién _________ ha regalado las botas? ¡Son preciosas!
7. • ¿Y este libro? ¡Un libro de cocina japonesa! ¿Quién _________ ha comprado?
   ○ Beatriz, creo; es que me encanta la cocina asiática.

3

¿Me lo dejas?
Drei von diesen Dingen aus Ihrem Haushalt haben Sie verliehen. Markieren Sie sie und schreiben Sie daneben, an wen Sie sie verliehen haben. Ihr/e Nachbar/in bittet Sie nun um einige Dinge. Reagieren Sie, je nachdem, ob Sie sie noch zur Verfügung haben oder nicht.

una raqueta de tenis · *maleta grande* · *bicicleta* · *un disco* · *gafas de sol* · *coche* · *sombrero* · ~~*diccionario de alemán*~~ · *reloj* · *un bolígrafo*

MODELO
- • ¿Me dejas el diccionario de alemán?
- ○ Lo siento, no puedo, es que se lo he dado a mi hermano.
- △ Sí, claro, toma. Pero lo necesito el martes.

4

Traduzca estas frases.
Se kann mehrere Bedeutungen haben. Übersetzen Sie die Sätze.

- En Panamá se habla español.
- Jorge se ducha todos los días con agua fría.
- El disco se lo compro para mi hermana.
- Sí, señor López, el fax se lo mando ahora mismo.
- Y los libros se los regalo a los niños.

5

Complete los minidiálogos con *se* / *le* / *les*.

1. • ¿_____ has dicho a Jorge que damos una fiesta mañana?
   ○ Sí, no te preocupes que ya _____ lo he dicho.
2. • Oye, ¿qué _____ pasa a tu marido ? ¿Está enfermo? Tiene mala cara...
   ○ No, no es nada importante, _____ duele un poco el estómago.
3. • ¿Por qué _____ han levantado tan tarde los niños?
   ○ Es que están enfermos, _____ duele la garganta. Me parece que _____ han resfriado [1].
4. • Y bien, ¿que _____ ha parecido la Alhambra, señores Berger?
   ○ ¡Fantástica, nos ha encantado!
5. • Yo todavía no entiendo por qué en España _____ cena tan tarde.
   ○ Pues, es que también _____ almuerza muy tarde, por eso a las 6 o a las 7 nunca tenemos hambre...
6. • Oye, Alfredo, ¿me dejas el disco de Joaquín Sabina?
   ○ Lo siento, pero _____ lo dejé a Cristina y todavía no me lo ha devuelto [2].
7. • ¿Ya ha mandado el fax a la empresa BARDANA?
   ○ No, todavía no. Ahora mismo _____ lo mando.

1) resfriarse = *sich erkälten*
2) devolver = *zurückgeben*

6

¿De qué están hablando estas personas? Relacione.

1. Sí, estoy haciéndolas.
2. Los voy a invitar a celebrar mi cumpleaños.
3. ¿Quiere probársela? Allí están los probadores.
4. Léela, es muy interesante, te la recomiendo.
5. ¿Quieres probarlo? Está buenísimo.
6. Sí, sí, estoy poniéndola.
7. No puedo encontrarla.

las camas | la mesa | la novela | la falda | el helado | mis amigos | la tarjeta de crédito

Erinnern Sie sich noch daran, daß die Pronomen angehängt werden? Wissen Sie noch, in welchen Fällen? Dies gilt auch für die Kombination von zwei Pronomen.

LERNTIP

In einer Erzählung schildert das Imperfecto Hintergrund und Umstände, während das Indefinido von Tätigkeiten und Geschehnissen berichtet und die Handlung voranbringt. Als Faustregel für den Gebrauch der Zeiten kann gelten: Die Informationen, die im Imperfekt stehen, könnte man weglassen, ohne daß die erzählte Geschichte unverständlich wird. Die wichtigsten Informationen stehen im Indefinido. Ein kleiner Tip: Wenn Sie nicht genau wissen, welche der beiden Zeiten Sie nehmen müssen, fragen Sie: *Was war schon?* (Imperfecto) und *Was geschah?* (Indefinido).
Caperucita **estaba** pensando en su abuela cuando **encontró** al lobo.

7

a) Lea estos diálogos y marque con un color diferente los imperfectos y los indefinidos.

1. • ¿Qué tal la fiesta?
   ○ Fantástica, había mucha gente, mucha comida, así que me gustó mucho.
2. • Yo iba por la Calle Mayor y, de pronto, ¿sabes a quién vi? Pues a Claudia Cortés.
   ○ ¡No me digas!¿Y qué te dijo?
3. • Ayer, como hacía buen tiempo con mucho sol, decidimos salir a dar un paseo.
   ○ ¡Ah!, pues nosotros pasamos todo el día en la playa.
4. • ¿Y tú leías cuentos cuando eras pequeña?
   ○ Pues claro, como todos los niños. Pero cuando aún no sabía leer, siempre me los contaba mi papá.
   △ Pues, a mí me los leían mis abuelos.
5. • Fue un concierto aburridísimo.
   ○ ¡Ah! pues yo no lo encontré tan aburrido.
6. • ¿Y como era la casa?
   ○ Pues, estaba amueblada, tenía un salón bastante grande y sólo un dormitorio. Pero en el salón había un sofá-cama...
7. • ¿Adónde pasabais las vacaciones cuando erais niños?
   ○ Siempre íbamos al campo, a casa de mis abuelos.

b) ¿Por qué se usa indefinido o imperfecto?
Können Sie sich denken, warum in den einzelnen Fällen Indefinido oder Imperfecto verwendet wird? Sehen Sie sich die folgende Tabelle an und tragen Sie die Verben in die richtige Spalte ein.

Hintergrund/ Begleitumstände	Gewohnheit	Handlung/ Resultat

Bei diesen Wörtern ändert sich die Bedeutung, je nachdem ob Sie Indefinido oder Imperfecto verwenden:

conocer	conocía	ich kannte
	conocí	ich lernte kennen
saber	sabía	ich wußte
	supe	ich erfuhr

B. ¡Felices fiestas!

8

Cada una de estas personas está pensando en una fiesta. ¿Qué fiesta es?

* Ringe

9

¿Recuerda qué hacen los españoles para felicitar (Libro del Alumno, pág. 145)? Marque si estas frases son correctas o falsas.

En Navidad los españoles	se mandan anuncios del nacimiento a todo el mundo.
En Alemania, cuando nace un niño,	no mandan felicitaciones.
En Alemania se mandan tarjetas para felicitar	por Pascuas.
En España se mandan tarjetas de boda	sólo a los amigos que se han invitado.

10

a) No todos los acontecimientos son alegres.
Nicht alle Anlässe sind fröhlich. Sehen Sie, welche Formulierungen man in Spanien verwendet, wenn man jemandem sein Beileid ausdrücken möchte.

Mi más sentido pésame.

†
DON EUFEMIANO SANCHEZ GOMEZ
PINTOR
FALLECIO EN MADRID
EL DIA 23 DE NOVIEMBRE DE 1995
a los setenta y cuatro años de edad
Habiendo recibido los Santos Sacramentos
D. E. P.
Sus hijos, Eufemiano, Eloísa, Fernando y Blanca; hijos políticos, nietos, hermanos y demás familia
RUEGAN una oración por su alma.
La misa funeral por su eterno descanso se celebrará mañana, lunes, día 27 de noviembre, a las diecinueve horas, en la iglesia parroquial de María Inmaculada (avenida Brasil, entrada por Capitán Haya, número 31), Madrid.
(3)

Le acompaño en el sentimiento.

b) ¿Qué se dice en su país en estas situaciones?

11

a) ¿desde? – ¿hace? – ¿desde hace?
Isabel ist Spanierin, lebt aber schon einige Jahre in Deutschland. Im kommenden Sommer wird sie ihren Freund Klaus heiraten. Sie sind gebeten worden, für die Hochzeitszeitung einen kleinen Text über Isabels Aufenthalt in Deutschland zu schreiben. Die folgenden Informationen helfen Ihnen dabei. Sie können aber auch noch mehr hinzuerfinden, wenn Sie wollen.

- vor zehn Jahren kam sie zum ersten Mal nach Deutschland, nach München
- vor acht Jahren zog sie um nach Düsseldorf
- seit sieben Jahren wohnt sie in Köln
- seit 1994 gibt sie Spanischunterricht
- vor 5 Jahren lernte sie Klaus kennen
- seit drei Jahren lebt sie mit Klaus zusammen
- ...

b) ¿Y usted?
Schreiben Sie etwas über sich. Was fällt Ihnen ein, wenn Sie die folgenden Zeitangaben lesen?

Vor einem Jahr ... Seit drei Jahren ...

Vor zehn Jahren ... Seit 1993 ... Seit dem 1.1.1996 ... Vor drei Jahren ...

Hace 10 años...

12

Mire estas definiciones. ¿De qué se trata?

Es un paquete lleno de dulces en forma de estrella que se rompe con un palo.
En Nochevieja se toma una con cada campanada.
Es una costumbre mexicana que empieza nueve días antes de Navidad y es un recuerdo a José y María en busca de un albergue.
Es un dulce típico de Navidad que se prepara con almendras, huevo y azúcar.
Es una ceremonia y una fiesta cuando se casan un hombre y una mujer.
Así se llaman las canciones de Navidad en español.

C. Fiestas populares

13

¿De qué fiestas se trata?

En esta fiesta se queman grandes esculturas de cartón-piedra.
En esta fiesta los diablos piden ayuda a la Virgen.
En esta fiesta se celebra la llegada de la primavera.
Se enciende una gran hoguera.
Se reúnen con los familares muertos.
Se toman comida, tequila y tabaco en el cementerio.
Se comen doce uvas con cada campanada.
La gente eleva máscaras y disfraces.

14

Lea este texto sobre una fiesta histórica en España. ¿Cómo se llama?

Esta fiesta tiene más relación con la historia que con la religión. Se celebra en la costa mediterránea, sobre todo en Alicante. Los habitantes de la ciudad se dividen en dos grupos y llevan vestidos históricos, escudos y armas. Luchan simbólicamente para recordar la Reconquista. Al final de las fiestas, el "rey árabe" le da las llaves de la ciudad al "rey cristiano".

15

¿Qué tipo de palabras son?
Es gibt Wörter, die ähnlich aussehen, aber dennoch verschiedenen Wortarten angehören. Sehen Sie sich die folgenden Wörter an, sie lassen sich in zwei Gruppen aufteilen. Ordnen Sie sie zu und versuchen Sie, für jede Gruppe einen Oberbegriff oder eine Definition zu finden.

viviría	*pescadería*

~~viviría~~
~~pescadería~~
cumpliría
buscaría
carnicería
pasaría
verdulería
recibiría
cambiaría
frutería
haría
panadería
papelería
compraría

16

Ordene este diálogo entre Pepe y Lourdes y, luego, compruebe con la casete.

- [ ] • Bueno, no sé. Creo que voy a llamar a Antonia y Julia para ver qué opinan ellas.
- [ ] • Qué va, qué va. Abriríamos la ventana y entraría la brisa. ¿Te imaginas? La luna, las palmeras, el ruido del mar...
- [1] • Pepe, ¿sabes que me gustaría mucho viajar a las Antillas? ¿Crees que podríamos ir el verano que viene?
- [ ] • Mmmmh... No es mala idea. Pero tú... ¿No te sentirías solo aquí?
- [ ] ○ No, la verdad es que no. Pero no te preocupes. ¿Por qué no te vas con una amiga?
- [ ] ○ Bah, entrarían los mosquitos, todos esos insectos de la selva. Y qué sé yo qué animales peligrosos: tarántulas, escorpiones...
- [ ] • No sé. ¿Con quién podría ir?
- [ ] ○ No te preocupes, haría excursiones, saldría de copas con los amigos. Ya sabes que no me gusta nada el sol. De verdad que no me importa. Vete tranquilamente.
- [ ] ○ No, yo en verano, la verdad es que no. Con el calor que hace allí en verano, lo pasaría muy mal. Ya ves que yo con el calor no puedo. Estaría de mal humor, no podría dormir por la noche, estaría cansadísimo durante el día.
- [ ] ○ Con Antonia y Julia, por ejemplo. Seguro que lo pasaríais muy bien.
- [ ] • ¡Chico!, ¡no exageres!¡ qué pesimista eres! Pues te compras un insecticida. Bueno, parece que no quieres venir conmigo a las Antillas, ¿verdad?

17

¿Qué haría usted en estas situaciones?

Usted ha perdido sus llaves.
Usted ha llegado a la estación y el tren ya ha salido.
Usted ha puesto demasiada sal en la sopa.
Usted no sabe cómo funciona el condicional.

18

Una fiesta en su casa.
Sie möchten eine Party geben und haben viele Leute eingeladen. Überlegen Sie, womit Ihre Freundinnen und Freunde Ihnen helfen könnten. Die Zeichnung gibt Ihnen einige Anhaltspunkte, die Sie gerne ergänzen können.

Martín podría tocar la guitarra...

19

Relacione los dibujos con las peticiones.

Oye, ¿puedo llamar un momento? Es que Marta no sabe dónde estoy.

Por supuesto, llama, llama.

Oiga, podría dejarme el periódico? Es que quiero mirar a qué hora empieza la película.

Claro, joven, ¿quiere la sección de televisión o los cines?

Me pasas la leche, por favor?

Claro, toma.

¿Podría decirme cuánto cuesta el vuelo?

Desde Madrid 15.900 Pts. desde Barcelona 24.500 Pts.

Oye, ¿podrías dejarme 5.000 Pts.? Es que mi tarjeta no funciona y todavía tengo que comprar...

Claro, no te preocupes, toma.

20

a) ¿Qué palabra no corresponde? ¿Por qué?

1. cumpleaños – toro – tarta – velas
2. muerte – cementerio – moros – calaveras de azúcar
3. hoguera – esculturas – fuego – novios
4. vestido blanco – marido – máscara – arroz

b) Ahora escriba a qué fiestas se refieren las palabras que no corresponden.

21

a) La mayoría de las fiestas y ceremonias que se celebran en el mundo del español son de carácter religioso, pero no todas. ¿Puede clasificarlas?

Fiestas religiosas	Otras

b) ¿Y las fiestas en su país?

22

Palabras, palabras, palabras...
Erstellen Sie eine Wörtersammlung mit den Begriffen dieser Unidad, die Sie sich merken wollen.

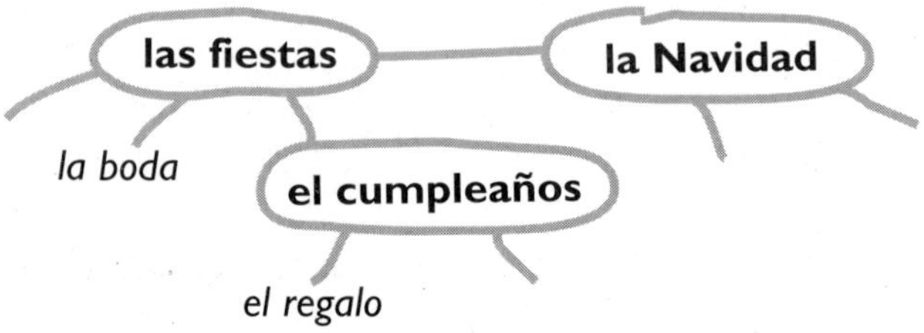

Revuelto

1

Vuelva a la actividad 4 en la página 40 del Libro del Alumno. ¿Qué ha cambiado?

MODELO Antes no me gustaba escuchar casetes pero ahora...

2

a) A lo largo de "Caminos" ha visto todos estos verbos. Clasifique estas fomas verbales según el tiempo y póngalas en la tabla.

Presente	Perfecto	Indefinido	Imperfecto	Condicional

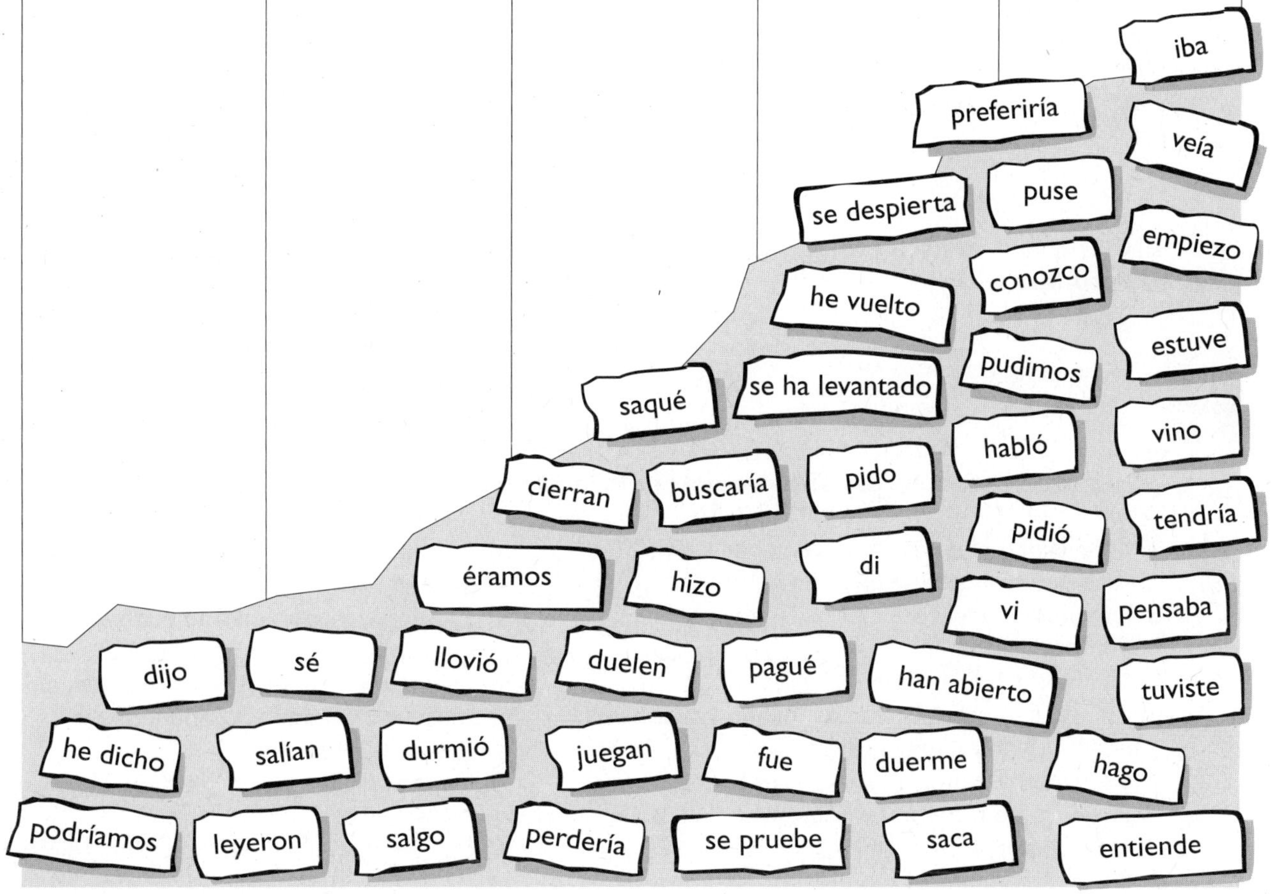

b) Ahora elija diez verbos y escriba el infinitivo y el participio.

3

Compare estas costumbres con las de su país.

En España se toma vino sólo con la comida, en Alemania, en cambio...
En España los Reyes Magos traen los regalos de Navidad.
Se hablan cuatro lenguas en España.
Los españoles no desayunan mucho.
En España hay muchas fiestas religiosas.
La gente en España normalmente se levanta tarde y se acuesta tarde también.
Los españoles usan el aceite de oliva para casi todas las comidas.

4

a) Escriba algunas palabras para cada letra de la palabra "Caminos".

C *camisa...*
A
M
I
N
O
S

b) Compare su lista con la de su compañero/-a y busque temas para ordenar las palabras.

5

¿Qué dice usted en español en estas situaciones?

1. Sie werden eingeladen, haben aber keine Zeit. Geben Sie auch eine Erklärung.
2. Jemand hat angerufen. Da die gewünschte Person nicht da ist, fragen Sie, ob Sie eine Nachricht aufschreiben können.
3. Sie werden gefragt, wo das Museo Nacional liegt, wissen es aber nicht.
4. Sie haben Obst und Gemüse im Supermarkt gekauft und möchten wissen, was alles zusammen kostet.
5. Sie schlagen einer Freundin vor, zusammen schwimmen zu gehen.
6. Sie sagen Ihrem Arzt, daß Ihnen der Rücken wehtut.
7. Sie werden gefragt, wie man zum Bahnhof gelangt. Der Fragende muß die Metro Nummer 6 nehmen und nach drei Stationen in den Bus Nr. 146 umsteigen.
8. Sie werden zum Essen eingeladen, sind damit einverstanden, können aber erst etwas später kommen.
9. Sie gratulieren einer Freundin zum Geburtstag.
10. Sie haben eine Jacke anprobiert, die Ihnen zu eng ist, und möchten sie eine Nummer größer haben.

6

Aquí tiene algunos extractos de cartas que han escrito personas hispanohablantes. Algunas no han entendido muy bien las costumbres alemanas. Lea los textos y corrija los errores.

1. El día 7 de diciembre celebran San Nicolás. La noche antes, los niños limpian los zapatos y los ponen al lado de la chimenea. Cuando se levantan al día siguiente, encuentran los zapatos llenos de regalos. O sea, que aquí los Reyes Magos vienen un mes antes. ¡Qué suerte!

2. ¿Y con los huevos? ¡Qué manía tienen! Toda la Semana Santa, antes de Pascua, todo el mundo compra huevos. Los pintan de colores y los esconden en el jardín. Además de los huevos, también compran liebres de chocolate. Y el Viernes Santo, los niños buscan los huevos por el jardín. Creen que la liebre de pascua les trae los huevos.

3. *¿Sabes que aquí tres domingos antes de Navidad encienden cuatro velas hasta el 24 de diciembre?*

4. Unos amigos me han dicho que los Carnavales más importantes de toda Alemania se celebran en Colonia y en Hamburgo. ¡Qué bien! ¿Por qué no vienes a Hamburgo para los próximos Carnavales?

5. Una costumbre muy rara es que, el llamado "Lunes de Rosas" (el lunes de Carnavales) las mujeres van por las calles y les cortan las corbatas a los hombres. Yo no sé para qué, pero ellas se divierten mucho.

7

a) ¿Recuerda los gentilicios (Libro del Alumno, pág. 91)?

Erinnern Sie sich noch an die Nationalitätsadjektive? Sehen Sie sich die folgenden Nationalitätsbezeichnungen an. Können Sie die zugehörigen Länder erschließen?

mexicano/-a ______	nicaragüense ______	puertorriqueño/-a ______
dominicano/-a ______	costarricense ______	salvadoreño/-a ______
cubano/-a ______		hondureño/-a ______
boliviano/-a ______	argentino/-a ______	panameño/-a ______
peruano/-a ______	filipino/-a ______	
venezolano/-a ______		chileno/-a ______
colombiano/-a ______	paraguayo/-a ______	
ecuatoriano/-a ______	uruguayo/-a ______	guatemalteco/-a ______

b) ¿Sabe de dónde son estas cosas?

8

a) ¿Le gusta dibujar?
Suchen Sie sich ein oder zwei spanische Wörter aus und versuchen Sie, sie zeichnerisch darzustellen, wie wir es mit diesen Wörtern gemacht haben.

b) Compare con sus compañeros/-as.

9

a) Escuche a este hombre que cuenta un día de sus últimas vacaciones.

b) Marque si las frases son correctas o falsas.

1. El hombre fue de vacaciones a Latinoamérica. (C / F)
2. Fue solo. (C / F)
3. Hizo muy mal tiempo. (C / F)
4. Hizo una excursión en bicicleta. (C / F)
5. Fue con su familia y con unos amigos. (C / F)
6. Hizo buen tiempo. (C / F)
7. Fue un día normal y no pasó nada extraordinario. (C / F)

c) Ahora cuente usted algo de un día especial de sus últimas vacaciones.

10

Busque temas para estas palabras y ordénelas.

tenis · azul · feo · fax · bonito · caro · vino · dulce
paseo · azúcar
vacaciones · barato · cuero
música · cólera · abrigo · libro
rojo · flan · pollo · tabaco · gripe
blusa · botas · joven · zapatos · Año Nuevo
seda · tren · helado
habitación · casa · castillo · algodón
radio · piso · ópera · museo
playa · lana · cine · negro
nieve · bares · fiebre · trabajo · sol
amarillo · teatros · mar
dolor de cabeza · televisor · leche
aburrido · blanco · fotos
vaqueros · marrón · videojuegos
alcohol · montaña
jamón · teléfono · excursiones
restaurantes · sombrero · fútbol · oscuro
coche · chaqueta · falda · tomates
divertido · paella · dolor de muelas · arroz

11

Ordene estas palabras según estos adjetivos y explique su selección.

Ordnen Sie diese Begriffe einem Adjektiv zu und erstellen Sie eine Rangfolge. Erklären Sie Ihre Auswahl.

grande: *colibrí* ⌐ *tarántula* ⌐ …

1. elefante – colibrí – jirafa – tarántula – gorila
2. Mississippi – Amazonas – Nilo – Tajo
3. coche – tren – bicicleta – avión
4. Suiza – Finlandia – Alemania – Argentina – Portugal
5. teatro – museo – cine – ópera
6. paella – pollo – pizza – jamón – sopa de ajo
7. Aconcagua – Zugspitze – Monte Everest – Monte McKinley

peligroso
rápido
grande
alto
divertido
caro
rico

12

Usted está en España y quiere comprar recuerdos para su familia o para sus amigos. Decida a quién se los va a comprar.

MODELO El reloj se lo compro a mi padre.

13

Mire estas puertas e invente cómo es la habitación correspondiente.
Sehen Sie sich die Türen an. Beschreiben Sie, wie Sie sich die dahinterliegenden Räume ausmalen.

Test

1

Busque la frase adecuada.

1. Muchas gracias, querida. Pero no era necesario.
   a) ¿Qué te ha pasado?
   b) Feliz cumpleaños, tía.
   c) Toma, esto es para ti.

2. ¿Por qué no tomas una aspirina?
   a) Tengo dolor de cabeza.
   b) Tengo tos.
   c) Estoy mejor.

3. Me las han regalado Beatriz y Julio.
   a) ¿Quién te ha regalado la tele?
   b) ¿Quién te ha regalado las galletas?
   c) ¿Quién te ha regalado los bombones?

4. Hace dos años, en la Universidad.
   a) ¿Cuándo empezaste a estudiar español?
   b) ¿Desde cuándo conoces a tu mujer?
   c) ¿Desde cuándo estudias español?

5. Ay, doctor, me siento fatal.
   a) ¿Tienes fiebre?
   b) ¿Te duele aquí?
   c) ¿Qué le pasa?

6. La mía también.
   a) Mi casa no tiene balcón.
   b) Mi cocina da al patio.
   c) Nuestro piso tiene dos dormitorios.

7. Mucho gusto, señora.
   a) Pedro, ésta es mi tía Susana.
   b) Señor Peralta, le presento a mi marido.
   c) Oye, papá, te presento a Pedro, mi novio.

8. Viajé a Hamburgo.
   a) ¿Dónde vivías cuando eras niño?
   b) ¿Dónde pasas tus próximas vacaciones?
   c) ¿Qué hiciste el fin de semana?

9. A las nueve.
   a) ¿A qué hora quedamos?
   b) ¿Tomamos un café después de la clase?
   c) ¿Dónde quedamos?

10. Toma manzanilla y no comas nada hoy.
    a) Tengo dolor de muelas.
    b) Ay, me duele mucho el estómago.
    c) Tengo un dolor de cabeza terrible.

2

¿Qué palabra no corresponde?

1. jirafa – colibrí – elefante – perro
2. café – tortilla – paella – pollo
3. enero – febrero – verano – abril
4. fin de semana – vacaciones – fiesta – trabajo
5. blusa – corbata – calcetines – chaqueta
6. vestido – falda – probadores – chaqueta
7. hermana – tío – abuela – amigo
8. Honduras – El Salvador – Nicaragua – Paraguay
9. silla – mesa – alquiler – armario
10. cólera – espalda – diarrea – fiebre
11. Navidades – Semana Santa – fin de semana – Pascuas
12. antena parabólica – cocina – comedor – dormitorio
13. boda – cumpleaños – día del santo – Navidades

3

Escriba el contrario.

alegre ______________________

lento ______________________

fácil ______________________

alguien ______________________

siempre ______________________

viejo ______________________

sucio ______________________

delgado ______________________

joven ______________________

sano ______________________

Grammatik auf einen Blick

Diese Übersicht ist keine vollständige Grammatik der spanischen Sprache. Sie beinhaltet nur die grammatischen Phänomene, die in „Caminos 1" behandelt werden.

1. Das spanische Alphabet — *El alfabeto español*

A, a	a	N, n	ene
B, b	be	Ñ, ñ	eñe
C, c	ce	O, o	o
Ch, ch	che	P, p	pe
D, d	de	Q, q	cu
E, e	e	R, r	erre
F, f	efe	rr	erre doble
G, g	ge	S, s	ese
H, h	hache	T, t	te
I, i	i	U, u	u
J, j	jota	V, v	uve
K, k	ca	W, w	uve doble
L, l	ele	X, x	equis
Ll, ll	elle	Y, y	i griega
M, m	eme	Z, z	zeta

•• **CH** und **LL** waren bis vor kurzem ebenso wie **Ñ** eigene Buchstaben innerhalb des spanischen Alphabets. Deshalb finden Sie in den meisten Wörterbüchern Wörter, die mit **CH** beginnen, im Anschluß an den Buchstaben **C** und Wörter, die mit **LL** anfangen, nach **L**. Im Rahmen einer Rechtschreibreform wurden diese Buchstaben jedoch 1994 in das Alphabet eingeordnet.

•• é → e con acento
M → eme mayúscula
m → eme minúscula
ü → u con diéresis
Die Punkte auf dem u zeigen an, daß es mitgesprochen wird (guitarra – pingüino)

•• In Lateinamerika:
b → be larga
v → be corta

2. Die Betonung — *La acentuación*

Die Betonung der spanischen Sprache läßt sich in drei einfachen Regeln zusammenfassen.

•• Wörter, die mit **Vokal**, **-n** oder **-s** enden, werden in der Regel auf der **vorletzten** Silbe betont.
ej<u>em</u>plo, e<u>xa</u>men, ca<u>mi</u>nos

•• Wörter, die mit einem **Konsonanten** (außer **-n** und **-s**) enden, werden in der Regel auf der **letzten** Silbe betont.
se<u>ñor</u>, ciu<u>dad</u>, hospi<u>tal</u>

•• Alle Wörter, deren Betonung von diesen Regeln abweicht, erhalten einen Akzent auf dem Vokal der betonten Silbe.
caf<u>é</u>, <u>tú</u>nel, esta<u>ción</u>
Wörter, die auf der drittletzten Silbe betont werden, tragen also immer einen Akzent.
te<u>lé</u>fono, A<u>mé</u>rica

•• Diphthonge sind Verbindungen der Vokale **i** oder **u** mit einem anderen Vokal oder miteinander. Diese Verbindungen bilden in der Aussprache nur eine Silbe (fa-mi-<u>lia</u>, <u>bue</u>-no). Steht ein Akzent auf dem **i** oder **u**, handelt es sich nicht um einen Diphthong, sondern um zwei Silben (Ma-<u>rí</u>-a, <u>dí</u>-a). Andere Vokalverbindungen bilden immer zwei Silben (a-e-ro-puer-to).

3. Orthographische Regeln — *Reglas ortográficas*

- Unabhängig von der Betonung tragen folgende Wörter einen Akzent:
  - alle Fragewörter.
    ¿qué? ¿cómo? ¿quién? ¿dónde? ¿cuándo? ¿cuál? ¿cuánto?
  - **qué** in der Bedeutung: „wie," „was für ein/e"
    ¡**Qué** bonito!, ¡**Qué** horror!
  - einsilbige Wörter, wenn zwei Wörter dieselbe Form, aber unterschiedliche Bedeutungen haben.

mi carta	*mein Brief*	¿Es para **mí**?	*Ist es für mich?*
tu casa	*dein Haus*	¿**Tú** eres Juan?	*Bist du Juan?*
el teléfono	*das Telefon*	No, **él** es Juan.	*Nein, er ist Juan.*
Si tienes tiempo, ...	*Wenn du Zeit hast, ...*	**Sí**, es Juan.	*Ja, das ist Juan.*
Valencia **se** escribe con uve.	*Valencia wird mit v geschrieben.*	No lo **sé**.	*Ich weiß es nicht.*
te	*dich, dir*	el **té**	*Tee*

- Zur Erhaltung der Aussprache muß bei manchen Wörtern die Schreibweise geändert werden.
  - **c** wird zu **qu**, wenn ein **e** oder **i** folgt:
    bus**c**ar → bus**qu**é, bus**qu**en
    rico → ri**qu**ísimo
  - **z** wird zu **c**, wenn ein **e** oder **i** folgt:
    empe**z**ar → empe**c**é, empie**c**e
    una ve**z** → varias ve**c**es
  - **g** wird zu **j**, wenn ein **a**, **o** oder **u** folgt:
    coger → co**j**o, co**j**a
  - **g** wird zu **gu**, wenn ein **e** oder **i** folgt:
    entre**g**ar → entre**gu**é, entre**gu**en
  - **gu** wird zu **g**, wenn ein **a, o** oder **u** folgt:
    se**gu**ir → si**g**o, si**g**a
  - **i** zwischen Vokalen wird zu **y**
    constru**i**r → constru**y**o

4. Das Verb — *El verbo*

4.1 Das Präsens — *El presente*

4.1.1 Regelmäßige Formen

Verben bestehen aus dem Wortstamm und der Endung. Die spanischen Verben werden, je nach ihrer Infinitivendung auf **-ar**, **-er** oder **-ir** (tom-ar, beb-er, viv-ir), in drei Konjugationsgruppen unterteilt. Statt der Infinitivendungen werden für die verschiedenen Personen bestimmte Endungen angehängt. Für alle regelmäßigen Verben einer Gruppe gelten dieselben Endungen.

		tom**ar**	beb**er**	escrib**ir**
Singular	1. yo	tom**o**	beb**o**	escrib**o**
	2. tú	tom**as**	beb**es**	escrib**es**
	3. usted, él, ella	tom**a**	beb**e**	escrib**e**
Plural	1. nosotros, nosotras	tom**amos**	beb**emos**	escrib**imos**
	2. vosotros, vosotras	tom**áis**	beb**éis**	escrib**ís**
	3. ustedes, ellos, ellas	tom**an**	beb**en**	escrib**en**

4.1.2 Unregelmäßige Formen

•• Bei einigen Verben ändert sich der Stammvokal bei den Formen, bei denen die Betonung auf den Wortstamm fällt. Die Endungen bleiben regelmäßig.

	Gruppe **e → ie**			Gruppe **e → i**
	empezar	querer	preferir	servir
yo	emp**ie**zo	qu**ie**ro	pref**ie**ro	s**i**rvo
tú	emp**ie**zas	qu**ie**res	pref**ie**res	s**i**rves
usted, él, ella	emp**ie**za	qu**ie**re	pref**ie**re	s**i**rve
nosotros, nosotras	empezamos	queremos	preferimos	servimos
vosotros, vosotras	empezáis	queréis	preferís	servís
ustedes, ellos, ellas	emp**ie**zan	qu**ie**ren	pref**ie**ren	s**i**rven

ebenso: cerrar, despertarse, pensar, sentarse, entender

ebenso: pedir, seguir

	Gruppe **o → ue**			Gruppe **u → ue**
	probar	poder	dormir	jugar
yo	pr**ue**bo	p**ue**do	d**ue**rmo	j**ue**go
tú	pr**ue**bas	p**ue**des	d**ue**rmes	j**ue**gas
usted, él, ella	pr**ue**ba	p**ue**de	d**ue**rme	j**ue**ga
nosotros, nosotras	probamos	podemos	dormimos	jugamos
vosotros, vosotras	probáis	podéis	dormís	jugáis
ustedes, ellos, ellas	pr**ue**ban	p**ue**den	d**ue**rmen	j**ue**gan

ebenso: acordarse, acostarse, almorzar, contar, costar, encontrar, moverse, volver

•• Bei einigen Verben ist nur die 1. Person Singular unregelmäßig. Alle anderen Personen folgen dem Schema der jeweiligen Konjugationsgruppe.

hacer	poner	salir	traer	ver	saber	estar
hago	**pongo**	**salgo**	**traigo**	**veo**	**sé**	**estoy**
haces	pones	sales	traes	ves	sabes	estás
hace	pone	sale	trae	ve	sabe	está
hacemos	ponemos	salimos	traemos	vemos	sabemos	estamos
hacéis	ponéis	salís	traéis	veis	sabéis	estáis
hacen	ponen	salen	traen	ven	saben	están

Zu dieser Gruppe gehören auch die Verben auf **-ecer**, **-ocer**, **-ucir**. Hier wird in der 1. Person Singular **c** zu **zc** ; die anderen Personen sind regelmäßig.

traducir	yo tradu**zc**o, tú traduces, usted/él/ella traduce, ...
conocer	yo cono**zc**o, tú conoces, usted/él/ella conoce, ...

ebenso: ofrecer, reconocer

•• Einige Verben haben sowohl eine unregelmäßige 1. Person Singular als auch die Veränderung des Stammvokals (s.o.) bei ansonsten regelmäßigen Endungen.

	decir	tener	venir
yo	**digo**	**tengo**	**vengo**
tú	d**i**ces	t**ie**nes	v**ie**nes
usted, él, ella	d**i**ce	t**ie**ne	v**ie**ne
nosotros, nosotras	decimos	tenemos	venimos
vosotros, vosotras	decís	tenéis	venís
ustedes, ellos, ellas	d**i**cen	t**ie**nen	v**ie**nen

•• Zwei Verben sind vollkommen unregelmäßig.

	ser	ir
yo	soy	voy
tú	eres	vas
usted, él, ella	es	va
nosotros, nosotras	somos	vamos
vosotros, vosotras	sois	vais
ustedes, ellos, ellas	son	van

– ir **a** + Ort = *gehen / fahren*
ir **al** cine, ir **a la** farmacia, ir **a** España
– ir **en** + Transportmittel = *mit ... fahren.*
ir **en** tren, ir **en** avión, ir **en** coche, ir **en** bicicleta
(Aber: ir **a** pie = *zu Fuß gehen*)
– ir **a** + Infinitiv siehe Abschnitt 4.12

•• Das Verb **haber** dient zur Bildung des Perfekts mit dem Partizip Perfekt (siehe Abschnitt 4.4).

haber
he
has
ha
hemos
habéis
han

hay (*es gibt*) ist eine unpersönliche Form von **haber**.

•• Einige Verben haben orthographische Besonderheiten.
– **i** nach **u** wird zu **y**, wenn ein Vokal folgt:
incl**u**i**r** > inclu**y**o, inclu**y**es...
– orthographische Änderungen zum Erhalt der Aussprache:
se**gu**ir > si**g**o, aber: se**gu**imos
– unbetontes **i** wird zu betontem **í** in den stammbetonten Verbformen:
enviar: env**í**o, env**í**as, env**í**a, enviamos, enviáis, env**í**an
– weitere orthographische Besonderheiten
siehe Abschnitt 3.

4.2 Die reflexiven Verben — *Los verbos reflexivos*

	ducharse	referirse
yo	**me** ducho	**me** refiero
tú	**te** duchas	**te** refieres
usted, él, ella	**se** ducha	**se** refiere
nosotros, nosotras	**nos** duchamos	**nos** referimos
vosotros, vosotras	**os** ducháis	**os** referís
ustedes, ellos, ellas	**se** duchan	**se** refieren

Abgesehen von den Pronomen verhalten sich die reflexiven Verben wie die anderen, d. h. es gibt drei Konjugationsgruppen, und manche verändern auch den Stammvokal, z. B. despertarse und acostarse.

despertarse	me despierto, te despiertas, se despierta, nos despertamos, ...
acostarse	me acuesto, te acuestas, se acuesta, nos acostamos, ...

Die Pronomen stehen immer vor dem konjugierten Verb. Beim Infinitiv und beim Gerundium können sie angehängt werden, beim bejahten Imperativ müssen sie angehängt werden. Zur Stellung der Pronomen im Satz siehe Abschnitt 9.

OJO: Einige Verben werden im Spanischen reflexiv gebraucht, im Deutschen jedoch nicht: acostarse (*zu Bett gehen*), casarse (*heiraten*), despertarse (*aufwachen*), levantarse (*aufstehen*), llamarse (*heißen*) u.a.

4.3 Das Gerundium — *El gerundio*

4.3.1 Regelmäßige Formen

Das Gerundium wird gebildet durch Anhängen der Endungen **-ando** und **-iendo** an den Verbstamm:

-ar → -ando	**-er → -iendo**	**-ir → -iendo**
tom**ar** → tom**ando**	beb**er** → beb**iendo**	escrib**ir** → escrib**iendo**
habl**ar** → habl**ando**	entend**er** → entend**iendo**	viv**ir** → viv**iendo**

4.3.2 Unregelmäßige Formen des Gerundiums

e → i	**o → u**	**-iendo → -yendo** (Vokal + **-iendo**)
decir → **di**ciendo	dormir → d**u**rmiendo	ir → **yendo**
venir → **vi**niendo	morir → m**u**riendo	leer → le**yendo**
pedir → **pi**diendo		creer → cre**yendo**

4.3.3 Der Gebrauch des Gerundiums

•• **estar + Gerundium**: Diese Konstruktion verwendet man zur Beschreibung einer Handlung, die gerade stattfindet bzw. stattgefunden hat. Daher kann das Gerundium auch in verschiedenen Zeiten auftreten.
Estamos estudiando español. — *Wir lernen gerade Spanisch.*
Cuando llegué, Juan **estaba comiendo**. — *Als ich kam, war Juan gerade beim Essen.*

•• Das Gerundium kann man auch ohne **estar** verwenden. Im Deutschen wird es in der Regel durch einen Nebensatz wiedergegeben.
Bajando esta calle llega a la estación. — *Wenn Sie diese Straße hinuntergehen ...*

•• Das Gerundium kann auch noch mit anderen Verben zusammenstehen, die eine Dauer oder Fortsetzung einer Handlung ausdrücken (llevar, pasar, seguir).
Llevamos dos años **viviendo** en esta ciudad. — *Wir leben (schon) zwei Jahre in dieser Stadt.*
Sigue durmiendo. — *Schlaf weiter.*

•• Die Stellung der Pronomen.
Beim Gerundium stehen die Reflexivpronomen entweder vor dem konjugierten Verb oder sie werden an das Gerundium angehängt. In diesem Fall trägt die Gerundiumkonstruktion einen Akzent, damit die ursprüngliche Betonung erhalten bleibt.
Pedro **se** está **duchando**. Pedro está **duchándose.**

4.4 Das Perfekt — *El pretérito perfecto*

4.4.1 Regelmäßige Formen

- Man bildet das Perfekt mit dem Präsens des Hilfsverbs **haber** und dem **Partizip Perfekt**.
- Das **Partizip Perfekt** wird gebildet durch Anhängen folgender Endungen an den Verbstamm:

-ar → -ado	-er → -ido	-ir → -ido
tom**ar** → tom**ado**	beb**er** → beb**ido**	viv**ir** → viv**ido**

		haber	Partizip
Singular	1. yo	he	
	2. tú	has	
	3. usted, él, ella	ha	tom**ado**
			beb**ido**
Plural	1. nosotros, nosotras	hemos	viv**ido**
	2. vosotros, vosotras	habéis	
	3. ustedes, ellos, ellas	han	

- Anders als im Deutschen bilden im Spanischen alle Verben das Perfekt mit **haber**. Das Partizip ist beim Perfekt immer unveränderlich.
- Die Formen von **haber** stehen im Satz immer unmittelbar vor dem Partizip Perfekt.
  No me **he duchado** hoy.
- Das Partizip kann auch die Funktion eines Adjektivs annehmen, in solchen Fällen ist es wie alle Adjektive veränderlich. Vergleichen Sie:
  He **abierto** la ventana. — *Ich habe das Fenster geöffnet.*
  Aber: La ventana está **abierta**. — *Das Fenster ist offen/geöffnet.*

4.4.2 Unregelmäßige Formen des Partizip Perfekt

abrir	decir	descubrir	escribir	hacer	ir	poner	ser	ver	volver
abierto	**dicho**	**descubierto**	**escrito**	**hecho**	**ido**	**puesto**	**sido**	**visto**	**vuelto**

4.4.3 Der Gebrauch des Perfekts

Das Perfekt wird verwendet

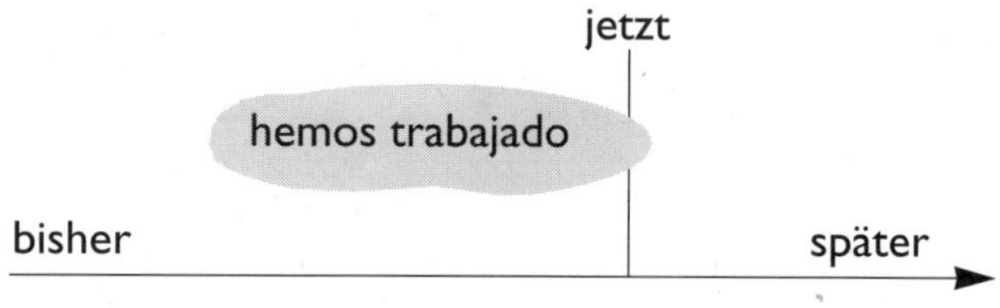

- für Handlungen oder Ereignisse, die in der Vergangenheit stattgefunden haben, aber vom Sprecher in einer engen Beziehung zur Gegenwart gesehen werden:
  Este año **hemos trabajado** mucho.
  ¿Ya **has ido** a comprar?
  Deshalb benutzt man das Perfekt häufig zusammen mit Zeitangaben, die einen Bezug zum gegenwärtigen Zeitpunkt herstellen: **hoy, esta mañana, esta semana, este mes, este año, ya, todavía no** u.a.
- für Handlungen und Ereignisse desselben Tages:
  Hoy no **ha ido** al trabajo.
  Esta mañana **he desayunado** con Juana.
- für Handlungen und Ereignisse in der Vergangenheit, deren Zeitpunkt nicht näher angegeben wird, z. B. in Verbindung mit Zeitangaben wie **alguna vez, muchas veces, nunca** u.a.:
  ¿**Has ganado** alguna vez dinero en la lotería?
  No **hemos estado** nunca en España.

4.5 Das historische Perfekt *El pretérito indefinido*

4.5.1 Regelmäßige Formen

		Verben auf **-ar**	Verben auf **-er**	Verben auf **-ir**
Singular	1. yo	tom**é**	beb**í**	escrib**í**
	2. tú	tom**aste**	beb**iste**	escrib**iste**
	3. usted, él, ella	tom**ó**	beb**ió**	escrib**ió**
Plural	1. nosotros, nosotras	tom**amos**	beb**imos**	escrib**imos**
	2. vosotros, vosotras	tom**asteis**	beb**isteis**	escrib**isteis**
	3. ustedes, ellos, ellas	tom**aron**	beb**ieron**	escrib**ieron**

4.5.2 Unregelmäßige Formen

•• Einige wichtige Verben haben im Indefinido einen unregelmäßigen Stamm. Für alle gelten jedoch die gleichen Endungen.

tener
tuve
tuviste
tuvo
tuvimos
tuvisteis
tuvieron

Dies gilt auch für:

	Stamm	Endung
estar	**estuv-**	
poder	**pud-**	e
poner	**pus-**	iste
querer	**quis-**	o
saber	**sup-**	imos
venir	**vin-**	isteis
hacer	**hic-**	ieron
decir	**dij-**	
traer	**traj-**	

Das Indefinido von **hay** (*es gibt*) lautet **hubo**.

OJO: In der dritten Person Singular bzw. Plural bei **hacer**, **decir** und **traer** wird zusätzlich noch ein Buchstabe ausgetauscht bzw. weggelassen.

hacer ~~hico~~ **hizo** (3. Person Singular)
decir ~~dijieron~~ **dijeron** } (3. Person Plural)
traer ~~trajieron~~ **trajeron** }

•• Bei einigen Verben auf **-ir**, bei denen im Präsens in den stammbetonten Formen ein Vokalwechsel von **e** zu **i** (servir), von **o** zu **ue** (dormir) oder von **e** zu **ie** (preferir) erfolgt (s. Abschnitt 4.1.2), wechselt auch im Indefinido der Stammvokal in der 3. Person Singular und Plural.

Gruppe **e > i**

	servir
yo	serví
tú	serviste
usted, él, ella	s**i**rvió
nosotros, nosotras	servimos
vosotros, vosotras	servisteis
ustedes, ellos, ellas	s**i**rvieron

ebenso: despedirse, pedir, seguir

Gruppe **o > u**

dormir
dormí
dormiste
d**u**rmió
dormimos
dormisteis
d**u**rmieron

ebenso: morir

•• **ser** und **ir** haben im Indefinido die gleichen Formen.

	ser und **ir**
yo	fui
tú	fuiste
usted, él, ella	fue
nosotros, nosotras	fuimos
vosotros, vosotras	fuisteis
ustedes, ellos, ellas	fueron

Die jeweilige Bedeutung wird durch den Kontext klar.
Ayer **fue** domingo.
Gestern war Sonntag.
El domingo pasado **fuimos** a Santiago.
Letzten Sonntag fuhren wir nach Santiago.

4.5.3 Orthographische Besonderheiten

- Ebenso wie im Präsens ändern einige Verben ihre Schreibweise, damit die Aussprache erhalten bleibt. So werden **c**, **z** oder **g** am Ende des Wortstamms vor dem **e** der 1. Person Singular zu **qu**, **c** oder **gu**.

bus**c**ar	empe**z**ar	pa**g**ar
bus**qu**é	empe**c**é	pa**gu**é
buscaste	empezaste	pagaste
buscó	empezó	pagó
...	...	...

- Ein unbetontes **i** zwischen zwei Vokalen wird zu **y**.
  le**y**ó, le**y**eron (Aber: leí, leíste, ...)

4.5.4 Der Gebrauch des Indefinido

Das Indefinido wird verwendet, um Handlungen oder Ereignisse auszudrücken, die in der Vergangenheit zu einem bestimmten Zeitpunkt (visitaron) oder in einem bestimmten Zeitraum (pasó unos días) stattfanden, der vom Sprechenden als abgeschlossen betrachtet wird.

El mes pasado Raimundo **pasó** unos días en Andalucía.
El año pasado **visitaron** la Mezquita.

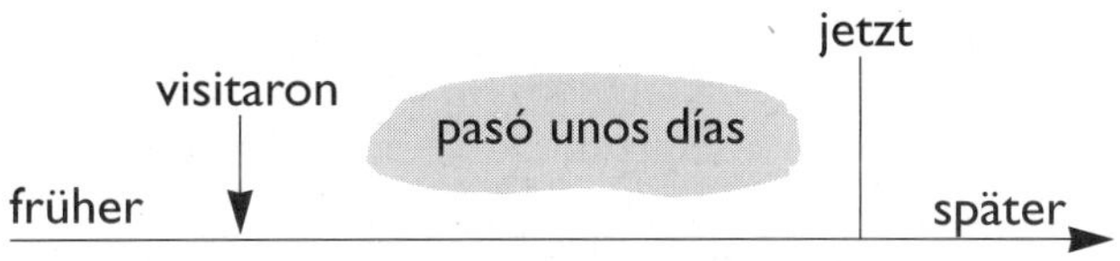

Deshalb benutzt man das Indefinido häufig mit Zeitangaben wie **ayer**, **el domingo**, **la semana pasada**, **el mes pasado**, **el año pasado**, **en 1930**.
Zum Gebrauch von Indefinido und Imperfecto siehe Abschnitt 4.6.3.

4.6 Das Imperfekt *El pretérito imperfecto*

4.6.1 Regelmäßige Formen

		Verben auf **-ar**	Verben auf **-er**	Verben auf **-ir**
Singular	1. yo	tom**aba**	beb**ía**	escrib**ía**
	2. tú	tom**abas**	beb**ías**	escrib**ías**
	3. usted, él, ella	tom**aba**	beb**ía**	escrib**ía**
Plural	1. nosotros, nosotras	tom**ábamos**	beb**íamos**	escrib**íamos**
	2. vosotros, vosotras	tom**abais**	beb**íais**	escrib**íais**
	3. ustedes, ellos, ellas	tom**aban**	beb**ían**	escrib**ían**

Die Endungen für die Verben auf **-er** und **-ir** sind gleich.
Das Imperfekt von **hay** (*es gibt*) lautet **había**.

4.6.2 Unregelmäßige Formen

		ser	ir	ver
Singular	1. yo	era	iba	veía
	2. tú	eras	ibas	veías
	3. usted, él, ella	era	iba	veía
Plural	1. nosotros, nosotras	éramos	íbamos	veíamos
	2. vosotros, vosotras	erais	ibais	veíais
	3. ustedes, ellos, ellas	eran	iban	veían

4.6.3 Der Gebrauch des Imperfekts

- Das Imperfekt wird verwendet,
  - um Zustände und Gewohnheiten in der Vergangenheit zu beschreiben.

Antes, las casas **eran** pequeñas.
Como todos los días, **leía** el periódico.

  - um eine Situation in der Vergangenheit zu beschreiben, die den Hintergrund für eine neu eintretende Handlung oder ein anderes, wichtiges Ereignis bildet.

Caperucita Roja **iba** por el bosque y **pensaba** en su abuela. De repente **vio** al lobo.

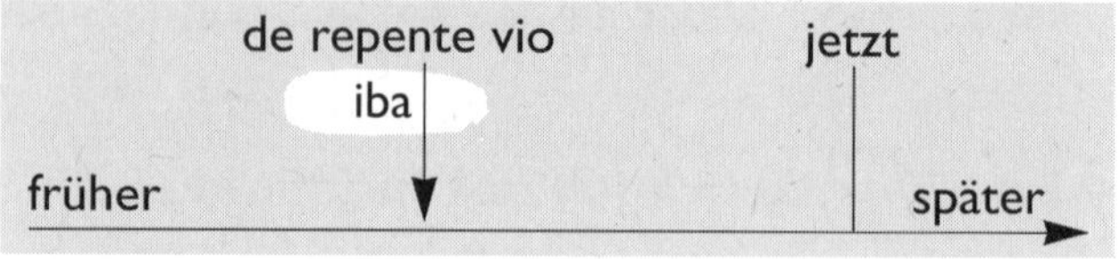

  - um einen Wunsch höflich auszudrücken.

Quería reservar una habitación individual.

- Innerhalb einer Erzählung wird der Rahmen oder Hintergrund im Imperfekt beschrieben. Daher steht das Imperfekt häufig mit Angaben wie **antes**, **siempre**, **mientras**, **todos los días**...
  Die neu einsetzende Handlung wird im Indefinido ausgedrückt, daher steht das Indefinido häufig mit Angaben wie **de repente**, **de pronto**, **entonces**, **enseguida**...

  Hilfreich für den richtigen Gebrauch der Zeiten ist folgende Fragestellung:

Was war (schon)? **Imperfecto**

Cuando **estaba jugando** en la cocina...
Iba por el bosque y **pensaba** en su abuela.
Mientras **recogía** margaritas...
La abuela no **oía** muy bien...

Was geschah (neu)? **Indefinido**

... su madre le **dijo**: “Tu abuela tiene fiebre”.
De repente **encontró** al lobo.
... el lobo **corrió** a la casa de la abuela.
... así que no **notó** la diferencia de voz y **abrió** la puerta.

OJO: Während **mientras** (*während*) sich immer auf die Frage *Was war?* bezieht (Imperfecto), kann **cuando** je nach Sichtweise für beide Fragen gelten und mit Imperfecto oder Indefinido stehen. Vergleichen Sie:
Cuando estaba jugando en la cocina *(Was war?)* vino su madre. ... *während* ...
Pensaba en su abuela **cuando encontró** al lobo. *(Was geschah?)* ... *als (plötzlich)* ...

4.7 Das Konditional — *El condicional*

4.7.1 Regelmäßige Formen

Die Endungen werden an den Infinitiv des Verbs angehängt. Sie sind für alle Verben auf **-ar**, **-er** und **-ir** gleich.

		tomar	beber	escribir
Singular	1. yo	tomar**ía**	beber**ía**	escribir**ía**
	2. tú	tomar**ías**	beber**ías**	escribir**ías**
	3. usted, él, ella	tomar**ía**	beber**ía**	escribir**ía**
Plural	1. nosotros, nosotras	tomar**íamos**	beber**íamos**	escribir**íamos**
	2. vosotros, vosotras	tomar**íais**	beber**íais**	escribir**íais**
	3. ustedes, ellos, ellas	tomar**ían**	beber**ían**	escribir**ían**

4.7.2 Unregelmäßige Formen

Bei einigen Verben ändert sich im Konditional der Wortstamm, an den jedoch die regelmäßigen Endungen angehängt werden.

	tener
yo	**tendr**ía
tú	**tendr**ías
usted, él, ella	**tendr**ía
nosotros, nosotras	**tendr**íamos
vosotros, vosotras	**tendr**íais
ustedes, ellos, ellas	**tendr**ían

Dies gilt auch für:

decir	**dir-**	
hacer	**har-**	ía
poder	**podr-**	ías
poner	**pondr-**	ía
saber	**sabr-**	íamos
salir	**saldr-**	íais
venir	**vendr-**	ían
haber	**habr-**	

4.7.3 Der Gebrauch des Konditionals

Man verwendet das Konditional
- für Dinge, die unter bestimmten Bedingungen realisiert werden könnten:
  En este caso **llamaría** al médico.
- um Ratschläge zu erbitten oder zu erteilen:
  ¿Qué **haría** usted?
  Yo en tu lugar **tomaría** vitaminas.
- um Bitten und Fragen höflich auszudrücken:
  ¿**Podría** usted abrir la ventana?

4.8 Der Gebrauch von *ser* und *estar*

•• Im Spanischen gibt es zwei Wörter für das deutsche *sein*: **ser** und **estar**. Der Gebrauch dieser Wörter ist nicht sehr kompliziert, wenn man sich vergegenwärtigt, daß jedes in bestimmten Situationen verwendet wird. **Ser** gilt für:

ser	
Herkunft, Nationalität und Religion:	Pablo **es** de Bogotá. **Somos** españolas. **Soy** católico.
Beruf:	Carmen **es** profesora.
dauerhafte äußerliche und charakterliche Eigenschaften:	Mi novio **es** alto. Pepe **es** muy simpático.
Beschreibung:	Carlos **es** muy guapo.
Familienstand:	Felipe **es** viudo.
Definition:	Madrid **es** la capital de España.
Tag und Uhrzeit:	Hoy **es** jueves, el 2 de febrero. **Son** las diez y media.

•• **Estar** gilt für die folgenden Situationen:

estar	
örtliches Befinden:	Juan **está** en casa.
persönliches Befinden:	¿Cómo **estás**?
vorübergehender oder veränderlicher Zustand:	**Estoy** enamorada. Carlos **está** enfermo.
Bewertung:	¡Qué guapo **está** Carlos! La sopa **está** muy rica.
An- oder Abwesenheit:	El señor Sánchez no **está**.

Es hängt von der subjektiven Sicht ab, ob ein Zustand als vorübergehend oder als dauerhaft angesehen wird:
Soy enfermo. *(Chronisch krank)*
Estoy enfermo. *(Akut erkrankt)*

4.9 Der Gebrauch von *hay* und *está/están*

Hay und **está/están** beziehen sich auf eine Frage oder Aussage darüber, ob etwas existiert oder wo sich etwas befindet. Sie unterscheiden sich durch ihren Gebrauch. Vergleichen Sie:

Hay (*es gibt*) ist eine unpersönlich gebrauchte, unveränderliche Sonderform des Verbs **haber**. Der Sprecher bezieht sich damit auf keine bestimmte Sache.

Hay verwendet man
- mit dem unbestimmten Artikel:
  ¿Dónde **hay** una biblioteca?
  Hay una en la Plaza de Armas.
- vor Substantiven ohne Artikel:
  ¿Dónde **hay** cuchillos?
- vor unbestimmten Mengenangaben:
  En Berlín **hay** muchos teatros.
- vor Zahlen:
  En esta calle **hay** cinco hoteles.

Está/n: Der Sprecher bezieht sich auf eine bestimmte Sache.

Está/están verwendet man
- mit dem bestimmten Artikel:
  ¿Dónde **está** la Biblioteca Nacional?
  Está en la Calle Mayor.

4.10 Ausdrücke mit Infinitiven

4.10.1 tener que + Infinitiv

Mit **tener que** + Infinitiv drückt man eine Verpflichtung oder Notwendigkeit aus.
¿Vamos al cine esta noche? – No, hoy no. Es que **tengo que trabajar**.
Si te sientes mal, **tienes que consultar** al médico.

4.10.2 hay que + Infinitiv

Mit **hay que** + Infinitiv drückt man ebenfalls eine Verpflichtung oder Notwendigkeit aus, aber ohne das Subjekt zu nennen. Es wird übersetzt mit „man muß". Para ir a Correos **hay que tomar** la primera calle a la derecha.

4.10.3 querer + Infinitiv

Mit **querer** + Infinitiv drückt man einen Wunsch aus:
Aprendemos español porque **queremos conocer** Latinoamérica.
¿**Queréis cenar** con nosotros?

4.10.4 pensar + Infinitiv

Mit **pensar** + Infinitiv drückt man einen Plan aus.
El año que viene **pienso viajar** a Colombia.

4.10.5 poder/saber

- **Poder** *(können)* drückt die Möglichkeit aus, etwas zu tun (abhängig von den Umständen):
  ¿Vamos a la piscina mañana? – No, mañana no **puedo** porque tengo mucho trabajo.

- **Saber** hat zwei Bedeutungen:
  - Zum einen heißt es *wissen*:
    ¿**Sabes** dónde está Carlos?
  - Zum anderen drückt es die Fähigkeit aus, etwas zu tun, oder etwas gelernt haben *(können)*:
    ¿**Sabes** leer textos españoles?
    Ob man etwas tun kann oder nicht, hängt hier von den (erworbenen) Fähigkeiten ab.

4.11 Das deutsche „man": *se* + 3. Person

Dem deutschen „man" entspricht im Spanischen oft der Ausdruck **se** + Verb in der 3. Person.
Aquí **se habla** inglés.
Im Unterschied zum Deutschen steht dabei das Verb in der **3. Person Plural,** wenn es sich um mehrere Dinge handelt, über die gesprochen wird.
En España **se hablan** cuatro lenguas.

4.12 *ir a* + Infinitiv

Ir a + infinitivo

Mit **ir a** + Infinitiv drückt man ein Vorhaben oder einen Plan in der Zukunft aus.

¿**Vamos a bailar** el viernes?
El verano que viene **voy a viajar** a Perú.

4.13 Der Imperativ

El imperativo

4.13.1 Der bejahte Imperativ

El imperativo afirmativo

	Verben auf **-ar**	Verben auf **-er**	Verben auf **-ir**
tú	¡tom**a**!	¡beb**e**!	¡escrib**e**!
vosotros	¡tom**ad**!	¡beb**ed**!	¡escrib**id**!
usted	¡tom**e**!	¡beb**a**!	¡escrib**a**!
ustedes	¡tom**en**!	¡beb**an**!	¡escrib**an**!

- Der Imperativ der 2. Person Plural (vosotros) wird nicht sehr häufig gebraucht. Statt dessen wird oft einfach der Infinitiv verwendet.

Niños, ¡**bajar** la tele!
Kinder, stellt den Fernseher leiser!

•• Der Imperativ für die 2. Person Singular (tú) leitet sich von der 3. Person Präsens ab, daher weist er die gleichen Unregelmäßigkeiten auf wie diese Form.
Carmen cierra la puerta. ¡**Cierra** la puerta!
Antonio prueba el flan. ¡**Prueba** el flan!

Die Formen für usted und ustedes haben den umgekehrten Vokal im Vergleich zu ihrer Infinitivendung.
¡Cierr**e** la puerta! (cerr**ar**)
¡Beb**a** un poco de vino! (beb**er**)

•• Bei einigen Verben ist nur der Imperativ der 2. Person Singular unregelmäßig, während sich der Imperativ der 3. Person im Singular und Plural von der 1. Person Singular des Verbs im Präsens herleitet.

	decir	hacer	poner	salir	tener	venir	ver
tú	**¡di!**	**¡haz!**	**¡pon!**	**¡sal!**	**¡ten!**	**¡ven!**	**¡ve!**
vosotros	¡decid!	¡haced!	¡poned!	¡salid!	¡tened!	¡venid!	¡ved!
usted	¡diga!	¡haga!	¡ponga!	¡salga!	¡tenga!	¡venga!	¡vea!
ustedes	¡digan!	¡hagan!	¡pongan!	¡salgan!	¡tengan!	¡vengan!	¡vean!

•• Unregelmäßig sind folgende Imperative.

	dar	estar	ir	ser
tú	**¡da!**	**¡está!**	**¡ve!**	**¡sé!**
vosotros	¡dad!	¡estad!	¡id!	¡sed!
usted	**¡dé!**	**¡esté!**	**¡vaya!**	**¡sea!**
ustedes	**¡den!**	**¡estén!**	**¡vayan!**	**¡sean!**

OJO: Die Personalpronomen müssen beim bejahten Imperativ immer angehängt werden. Damit die Betonung trotz der angehängten Silbe erhalten bleibt, muß ein Akzent gesetzt werden.
¡Escr**í**ba**me**!

4.13.2 Der verneinte Imperativ *El imperativo negativo*

Im Unterschied zum Deutschen gibt es einen bejahten Imperativ für Dinge, die jemand tun soll, und einen verneinten für Dinge, die jemand nicht tun soll. Die Formen haben in den Endungen die umgekehrten Vokale im Vergleich zu ihren Infinitivendungen.

	Verben auf **-ar**	Verben auf **-er**	Verben auf **-ir**
tú	¡no tom**es**!	¡no beb**as**!	¡no escrib**as**!
vosotros	¡no tom**éis**!	¡no beb**áis**!	¡no escrib**áis**!
usted	¡no tom**e**!	¡no beb**a**!	¡no escrib**a**!
ustedes	¡no tom**en**!	¡no beb**an**!	¡no escrib**an**!

¡No **bebas** tanto! *Trink nicht soviel!*
¡No **tomen** la primera calle! *Biegen Sie nicht in die erste Straße ein!*

OJO: Im Gegensatz zum bejahten Imperativ dürfen beim verneinten die Personalpronomen nicht angehängt werden; sie stehen direkt vor dem Imperativ.
¡No **te** acuestes muy tarde! *Geh nicht so spät ins Bett!*

5. Der Artikel *El artículo*

5.1 Der bestimmte Artikel *El artículo determinado*

Der bestimmte Artikel richtet sich in Geschlecht und Zahl nach dem Substantiv, auf das er sich bezieht.

	maskulin	feminin
Singular	**el** teléfono	**la** semana
Plural	**los** teléfonos	**las** semanas

•• Der männliche bestimmte Artikel im Singular **el** verschmilzt mit den Präpositionen **a** und **de**.
a + el = al Vamos **del** museo **al** parque. Aber: Voy de la plaza a la ópera.
de + el = del

•• Weibliche Substantive, die mit betontem **a-** oder **ha-** beginnen, haben im Singular den männlichen Artikel, behalten jedoch trotzdem ihr weibliches Geschlecht.
el agua fría, aber: la amiga.

•• Als Anrede werden señor, señora und señorita **ohne** Artikel verwendet.
¡Buenos días, señor González!
¿Cómo está, señora Sánchez?
Spricht man jedoch über eine Person oder stellt diese vor, dann werden señor, señora und señorita mit dem bestimmten Artikel gebraucht.
¿Está **la** señora Gómez?
Le presento a **la** señorita Martín.
¿Es usted **la** señora García?

5.1.1 lo

Spanische Substantive sind entweder männlich oder weiblich; es gibt keine sächlichen Substantive. Es gibt aber den sächlichen Artikel **lo**, der nicht mit Substantiven, sondern mit Adjektiven zusammensteht. Meistens handelt es sich um abstrakte Begriffe.
Lo importante es estudiar mucho. *Das wichtigste ist ...*
"Plural" significa **lo mismo** que en alemán. *... dasselbe ...*

5.2 Der unbestimmte Artikel *El artículo indeterminado*

	maskulin	feminin
Singular	**un** teléfono	**una** semana
Plural	**unos** teléfonos	**unas** semanas

•• Normalerweise haben spanische Substantive keinen unbestimmten Artikel im Plural.
Die Pluralformen dienen nicht als Artikel, sondern als unbestimmte Mengenangaben.
Unos/unas heißt vor Substantiven *ein paar, einige;* vor Zahlen *etwa, ungefähr.*
He comprado **unos** libros. *Ich habe ein paar Bücher gekauft.*
Tengo **unos** cien libros en casa. *Ich habe ungefähr hundert Bücher zu Hause.*

•• Der unbestimmte Artikel steht nie vor **medio** und **otro**.
Déme **medio** kilo de tomates. *Geben Sie mir ein halbes Kilo Tomaten.*
¿Me trae **otra** cerveza, por favor? *Bringen Sie mir bitte noch ein Bier?*

6. Das Substantiv — *El sustantivo*

6.1 Das Geschlecht — *El género*

Im Spanischen existieren nur zwei Geschlechter, die Substantive sind entweder **männlich** oder **weiblich**. Das Geschlecht eines spanischen Substantivs muß dem deutschen nicht entsprechen.

maskulin	feminin	
el mund**o** el teléfon**o**	la mes**a** la cas**a**	Substantive auf **-o** sind in der Regel männlich. Substantive auf **-a** sind in der Regel weiblich.
el reportaj**e** el hote**l**	la noch**e** la canció**n**	Substantive, die auf **-e** oder auf **Konsonant** enden, können männlich oder weiblich sein.

•• Einige Substantive auf **-o** sind weiblich.
la man**o**, la radi**o**, la fot**o**.

•• Einige Substantive auf **-a** sind männlich.
el dí**a**, el map**a**, el clim**a**, el sof**á**.

•• Substantive auf **-ción** sind weiblich und tragen einen Akzent.
la esta**ción,** la informa**ción**

•• Substantive, die auf **-ema** oder **-oma** enden, sind männlich.
el probl**ema**, el **tema**, el idi**oma**

•• Substantive und Adjektive auf -**or** haben eine weibliche Form auf **-ora**.
pint**or** – pint**ora,** trabajad**or** – trabajad**ora**

•• Berufsbezeichnungen sowie Bezeichnungen für Angehörige politischer Ideologien, die auf **-ista** enden, haben eine Form für beide Geschlechter.
el/ la period**ista**, el/la art**ista**, el/la social**ista**.

•• Die Buchstaben sind weiblich (la letra – *der Buchstabe*).
La "W" casi no existe en español.

•• Die Zahlen sind männlich (el número – *die Zahl*).
El siete me trae suerte.

6.2 Singular und Plural — *Singular y plural*

Singular	libro	mesa	noche
Plural	libro**s**	mesa**s**	noche**s**

Der Singular endet auf einen unbetonten Vokal: Anhängen von **-s**

esquí	hotel	ciudad
esquí**es**	hotel**es**	ciudad**es**

Der Singular endet auf einen betonten Vokal oder auf Konsonant: Anhängen von **-es**

•• Einige Substantive existieren nur in der Pluralform.
las vacaciones, las gafas

•• Einige existieren nur im Singular.
la gente

•• Wörter, die im Singular auf **-z** enden, bekommen im Plural die Endung **-ces**.
una vez – varias veces

•• Wörter, die im Singular auf **-s** nach unbetontem Vokal enden, bleiben im Plural unverändert.
el lunes – los lunes

•• Wörter, die im Singular auf Konsonant enden und auf der letzten Silbe einen Akzent haben, verlieren diesen im Plural.
el alemán – los alemanes
el autobús – los autobuses
la estación – las estaciones

6.3 Substantive als Subjekt oder Objekt

Mi novio no me ha escrito. **El libro** no está en la mesa.	¿Quién? *Wer?* ¿Qué? *Was?*	**Subjekt**
¿Has escrito la carta **a tu madre**?	¿A quién? *Wem?*	**Indirektes Objekt** (Dativ)
¿Me das **la revista**? ¿Has visto **a mi marido**?	¿Qué? *Was?* ¿A quién? *Wen?*	**Direktes Objekt** (Akkusativ)

•• Der Dativ steht im Spanischen immer mit der Präposition **a**.

•• Der Akkusativ steht mit **a,** wenn es sich um Personen handelt.
Llamo **a** mi hermano. (Aber: No encuentro mis llaves.)
Ausnahme: Nach **tener** und nach **buscar/necesitar** (z. B. in Stellenanzeigen) entfällt die Präposition.
Tengo muchos amigos.
Buscamos / Necesitamos una secretaria para nuestra oficina.

7. Das Adjektiv — *El adjetivo*

7.1 Geschlecht und Zahl — *Género y número*

7.1.1 Adjektive

	maskulin		feminin	
Singular	un teléfono	negr**o**	una falda	roj**a**
Plural	teléfonos	negr**os**	faldas	roj**as**

Adjektive auf **-o** bilden die weibliche Form auf **-a**.

	maskulin		feminin	
Singular	un árbol	verde	una blusa	verde
Plural	árboles	verde**s**	blusas	verde**s**
Singular	un vestido	azul	una camisa	azul
Plural	vestidos	azul**es**	camisas	azul**es**

Adjektive auf **-e** oder auf **Konsonant** haben in beiden Geschlechtern die gleiche Form.

•• Adjektive richten sich in Geschlecht und Zahl immer nach dem Substantiv, zu dem sie gehören.

•• Bezieht sich ein Adjektiv auf Substantive verschiedenen Geschlechts, so verwendet man die männliche Pluralform.
Tod**os** mis vestid**os** y blus**as** son roj**os**.

•• Der Plural der Adjektive wird nach denselben Regeln gebildet wie der Plural der Substantive.
(**-o / -a / -e** + **-s**; **Konsonant** + **-es**)

7.1.2 Nationalitätsbezeichnungen *Gentilicios*

•• Nationalitätsbezeichnungen sind im Spanischen immer Adjektive. Anders als normale Adjektive bilden Nationalitätsbezeichnungen auf Konsonant eine weibliche Form auf **-a** (alemán – alemana). Sie lassen sich anhand ihrer Endungen klassifizieren.

-ano/-ana	-és/-esa	-o/-a	-eño/-eña	-ense
italiano	danés	suizo	hondureño	canadiense
peruano	holandés	austríaco	panameño	estadounidense
venezolano	francés	sueco	puertorriqueño	nicaragüense

OJO: belga, iraquí, israelí haben für maskulin und feminin die gleiche Form.

7.2 Die Steigerung: Komparativ und Superlativ

7.2.1 Komparativ und Superlativ mit *más* und *menos*

Komparativ	más + Adjektiv	Madrid es **más grande** que Barcelona. Los Andes son **más altos** que los Alpes.
	menos + Adjektiv	Este coche es **menos caro** que el otro. Esta blusa es **menos bonita** que la otra.
	más + Substantiv	Madrid tiene **más museos** que Sevilla.
	menos + Substantiv	Málaga tiene **menos habitantes** que Madrid.
	Verb + más	Trabajamos **más**.
Superlativ	el / la más + Adjektiv	Este coche es **el más** caro. Esta blusa es **la más** bonita.
	el / la menos + Adjektiv	Esta silla es **la menos** cómoda.

7.2.2 Unregelmäßige Formen

		Komparativ			Superlativ	
bueno	→	mejor	*besser*	→	el / la mejor	*der / die beste*
malo	→	peor	*schlechter*	→	el / la peor	*der / die schlechteste*
pequeño	→	más pequeño	*kleiner*	→	el / la más pequeño	*der / die kleinste*
	→	menor	*jünger*	→	el / la menor	*der / die jüngste (für Personen)*
grande	→	más grande	*größer*	→	el / la más grande	*der / die größte*
	→	mayor	*älter*	→	el / la mayor	*der / die älteste (für Personen)*

OJO: „Größer" und „kleiner" im Bezug auf die Körpergröße von Personen heißt „más alto" und „más bajo".

7.2.3 Der Vergleich im Satz

Überlegenheit	más... que	Esta blusa es **más** cara **que** la otra.
Gleichheit	tan... como tanto como tanto ... como	Esta blusa es **tan** bonita **como** la otra. Trabajo **tanto como** mi hermano. Tengo **tanto** dinero **como** tú.
Unterlegenheit	menos... que no... tan... como	Esta blusa es **menos** cara **que** la otra. Esta blusa no es **tan** cara **como** la otra.

7.2.4 Adjektive mit der Endung *-ísimo*

- Einen sehr hohen Grad einer Eigenschaft kann man durch das Anhängen von **-ísimo** an ein Adjektiv ausdrücken. Diese Form entspricht dem deutschen *sehr/äußerst* + Adjektiv. Sie ist veränderlich wie die Adjektive auf **-o**. Bei Adjektiven auf **-o/-a** und **-e** fällt diese Endung weg, statt dessen wird **-ísimo** angehängt.
  caro → **carísimo**

muy grande	**grandísimo**	Madrid es una ciudad grandísima.
muy difícil	**dificilísimo**	Este ejercicio es dificilísimo.

OJO: Adjektive, die schon besonders ausdrucksstark sind (fantástico, enorme, excelente), können diese Form nicht bilden. Statt dessen kann man sie mit **realmente** verstärken.
fantástico → **realmente** fantástico

7.3 Die Stellung und Verkürzung des Adjektivs

- In der Regel steht das Adjektiv im Spanischen nach dem Substantiv.
  José tiene un coche nuevo.
  Immer nachgestellt werden: Farben, Nationalitätsbezeichnungen.

- Steht das Adjektiv vor dem Substantiv, dann verschiebt sich die Betonung etwas zugunsten des Substantivs.
  Tengo buenas noticias. Tengo noticias buenas.
  Immer vorgestellt werden: mucho, poco.

- Einige Adjektive werden vor männlichen Substantiven im Singular verkürzt.

bueno	**buen**	un buen vino
malo	**mal**	mal trabajo

  Das gilt auch für die Ordnungszahlen **primero** und **tercero**.

primero	**primer**	el primer piso
tercero	**tercer**	el tercer piso

  Grande wird zu **gran** vor maskulinen und femininen Substantiven im Singular.

- Bei manchen Adjektiven verändert sich bei Voranstellung deren Bedeutung.

un país **grande**	*ein großes Land*
un **gran** país	*ein großartiges Land*

8. Das Adverb *El adverbio*

- Adverbien dienen dazu, ein Verb, ein Adjektiv oder einen ganzen Satz näher zu bestimmen, im Gegensatz zu Adjektiven, die ein Substantiv näher bestimmen. Adverbien sind unveränderlich. Es gibt ursprüngliche Adverbien und solche, die von Adjektiven abgeleitet werden (siehe Abschnitt 8.1).

- Die Adverbien von **bueno** und **malo** heißen **bien** und **mal**.
  Felipe cocina **bien**.
  La idea mo me parece **mal**.

- Es gibt Adjektive, die unverändert in ihrer männlichen Form auch als Adverb verwendet werden. Das gilt vor allem für die Adjektive in diesen Ausdrücken.
  Tu casa me gusta **mucho**.
  La política me interesa **poco**.

8.1 Adverbien auf -mente

In den meisten Fällen werden Adverbien gebildet, indem man die Endung **-mente** an die weibliche Form des Adjektivs anhängt.
tranquilo **tranquilamente** Quiero vivir **tranquilamente**.

8.2 Adjektiv / Adverb

Adjektive bestimmen ein Substantiv näher und stehen bei einem Substantiv oder nach **ser** oder **estar**. Adverbien bestimmen ein Verb, ein Adjektiv oder einen ganzen Satz. Sie sind unveränderlich.

Adjektiv	Adverb
La película es muy **buena**.	Has trabajado muy **bien**.
Es una película muy **buena**.	

9. Die Pronomen *Los pronombres*

9.1 Die Personalpronomen

Subjektpronomen		Objektpronomen indirektes Objekt (Dativ)		Objektpronomen direktes Objekt (Akkusativ)		Reflexivpronomen	
yo	*ich*	me	*mir*	me	*mich*	me	*mich*
tú	*du*	te	*dir*	te	*dich*	te	*dich*
él	*er*		*ihm*	lo	*ihn*		
ella	*sie*	le	*ihr*	la	*sie*	se	*sich*
usted	*Sie*		*Ihnen*	lo/la	*Sie*		
nosotros/-as	*wir*	nos	*uns*	nos	*uns*	nos	*uns*
vosotros/-as	*ihr*	os	*euch*	os	*euch*	os	*euch*
ellos	*sie*		*ihnen*	los	*sie*		
ellas	*sie*	les	*ihnen*	las	*sie*	se	*sich*
ustedes	*Sie*		*Ihnen*	los/las	*Sie*		

- Die Subjektpronomen werden nur dann verwendet, wenn sie zur Unterscheidung verschiedener Personen oder für ihre Hervorhebung notwendig ist.
  Hola, soy Alberto. Aber: **Tú** no sabes bailar pero **yo** sí.

- Subjektpronomen können auch nach dem Verb stehen.
  ¿Es **usted** el señor Gómez? – Sí, soy **yo**.

- Das Objektpronomen **lo** kann auch für einen ganzen Satz stehen.
  ¿Hay un banco por aquí? – No **lo** sé.

- Stehen Dativ- und Akkusativpronomen zusammen, so kommt jeweils Dativ vor Akkusativ (3. Fall vor 4. Fall). In der 3. Person werden dann **le** und **les** zu **se**.
  le / les + lo / los / la / las = **se** + lo / los / la / las
  ¿El reloj? **Se lo** doy mañana (a Antonio). *Ich gebe es ihm morgen.*
  ¿La blusa? **Se la** he regalado a María. *Ich habe sie María geschenkt.*
  ¿Las fotos? **Se las** envío por correo (a ustedes). *Ich schicke sie Ihnen mit der Post.*

Pronomen nach Präpositionen

a	(betontes indirektes Pronomen)	**para**		**con**	
a mí	*mir*	para mí	*für mich*	**conmigo**	*mit mir*
a ti	*dir*	para ti	*für dich*	**contigo**	*mit dir*
a él/ella	*ihm/ihr*	para él/ella	*für ihn/sie*	con él/ella	*mit ihm/ihr*
a usted	*Ihnen*	para usted	*für Sie*	con usted	*mit Ihnen*
a nosotros/-as	*uns*	para nosotros/-as	*für uns*	con nosotros/-as	*mit uns*
a vosotros/-as	*euch*	para vosotros/-as	*für euch*	con vosotros/-as	*mit euch*
a ellos/ellas	*ihnen*	para ellos/ellas	*für sie*	con ellos/ellas	*mit ihnen*
a ustedes	*Ihnen*	para ustedes	*für Sie*	con ustedes	*mit Ihnen*

con + se = **consigo** *mit sich*

Im Spanischen kann ein Satz zwei Pronomen für ein indirektes Objekt (Dativobjekt) enthalten, um Mißverständnisse zu vermeiden oder Personen hervorzuheben. Die betonten Pronomen können in Verbindung mit den unbetonten (me, te, le, ...) verwendet werden. Allerdings stehen die betonten Pronomen normalerweise nicht ohne die unbetonten.
A él le gusta la paella, pero **a mí** no **me** gusta el arroz.
Wird ein direktes Objekt (Akkusativobjekt) an den Anfang eines Satzes gestellt, muß auch das unbetonte Pronomen stehen.
Los tomates los he comprado en el mercado.

9.1.1 Stellung der Pronomen

•• Die Objekt- und Reflexivpronomen stehen immer direkt vor dem gebeugten Verb.
¿Ya **te** han mandado el libro? – Sí. – ¿**Me lo** das?

•• Beim Gerundium sowie in Konstruktionen von Hilfsverb + Infinitiv stehen die Pronomen entweder ebenfalls vor der gebeugten Verbform oder sie werden an das Gerundium bzw. den Infinitiv angehängt.

Mi marido **se** está duchando.	Mi marido está duchándo**se.**
Los Pérez **se** van a comprar una casa.	Los Pérez van a comprar**se** una casa.
Me quiero ir.	Quiero ir**me**.

•• Beim bejahten Imperativ werden die Pronomen immer angehängt.
¡**Lávate** las manos! ¡**Lávatelas**!
Damit die ursprüngliche Betonung des Verbs auch bei angehängtem Pronomen erhalten bleibt, erhalten Gerundium- und Imperativformen in diesem Fall einen Akzent.
Explícamelo por favor.

•• Beim verneinten Imperativ stehen die Pronomen direkt vor dem Imperativ.
¡No **me lo** expliques!

9.2 Die Possessivpronomen

Die unbetonten Possessivpronomen

Die unbetonten Possessivpronomen stehen immer mit einem Substantiv zusammen.

Singular	männlich	mi coche	tu coche	su coche	nuestro coche	vuestro coche	su coche
	weiblich	mi casa	tu casa	su casa	nuestra casa	vuestra casa	su casa
Plural	männlich	mis coches	tus coches	sus coches	nuestros coches	vuestros coches	sus coches
	weiblich	mis casas	tus casas	sus casas	nuestras casas	vuestras casas	sus casas

•• Die Possessivpronomen richten sich in Geschlecht und Zahl nach dem Besitz.
mi coche, **tu** casa, **nuestros** libros, **vuestras** hermanas

•• **Su** bedeutet *sein*, *ihr* und *Ihr*. Es ist das Possessivpronomen für **él**, **ella**, **usted**, **ellos**, **ellas** und **ustedes**.

Es la hermana de Carlos.	Es **su** hermana.	*Sie ist seine Schwester.*
Es la casa de los Gutiérrez.	Es **su** casa.	*Es ist ihr Haus.*
Este libro es de usted.	Es **su** libro.	*Es ist Ihr Buch.*

Die betonten Possessivpronomen

Die betonten Possessivpronomen können auch allein stehen.

Singular	männlich	mío	tuyo	suyo	nuestro	vuestro	suyo
	weiblich	mía	tuya	suya	nuestra	vuestra	suya
Plural	männlich	míos	tuyos	suyos	nuestros	vuestros	suyos
	weiblich	mías	tuyas	suyas	nuestras	vuestras	suyas

Man verwendet das betonte Possessivpronomen
- mit Artikel, wenn das Pronomen ein bereits genanntes Substantiv (den Besitz) ersetzt:
  Mi suegra es muy simpática. – **La mía** no.
- ohne Artikel, wenn nach dem Besitzer gefragt wird:
  ¿Son **suyos** estos libros? – Sí, son **míos**.
- mit unbestimmtem Artikel, wenn eine/r von mehreren gemeint ist:
  María es **una** amiga **mía**.

9.3 Die Demonstrativpronomen

•• Je nachdem, in welcher räumlichen oder zeitlichen Relation zum Sprecher sich der durch das Pronomen näher bezeichnete Gegenstand oder die Person befindet, verwendet man verschiedene Demonstrativpronomen

– für Dinge oder Personen, die sich direkt beim Sprecher befinden:

	männlich	weiblich
Singular	**este** libro	**esta** casa
Plural	**estos** libros	**estas** casas

– für Dinge oder Personen, die sich beim Angesprochenen befinden:

	männlich	weiblich
Singular	**ese** libro	**esa** casa
Plural	**esos** libros	**esas** casas

•• Stehen die Demonstrativpronomen **este/-a/-os/-as** und **ese/-a/-os/-as** als Begleiter beim Substantiv, so werden sie ohne Akzent geschrieben. Ersetzen sie das Substantiv, können sie einen Akzent tragen.
¿Vas a comprar **este** vestido? – No, prefiero **ése**.

•• Die Demonstrativpronomen **esto** und **eso** können nie mit einem Substantiv zusammenstehen, sondern beziehen sich auf einen Sachverhalt.

¿Qué es **esto**?	*Was ist das?*
Eso es todo.	*Das ist alles.*

9.4 Die Indefinitpronomen

	alleinstehend / unveränderlich		in Verbindung mit Substantiven
	Bezug auf eine Sache	Bezug auf eine Person	
unbestimmt	**algo** *etwas* ¿Hay **algo** en la nevera?	**alguien** *jemand* ¿Has visto a **alguien**?	**alguno/-a/-os/-as** *irgendein/e* ¿Tienes **alguna** revista?
bestimmt	**nada** *nichts* No hay **nada** en la nevera.	**nadie** *niemand* No he visto a **nadie.**	**ninguno/-a/-os/-as** *kein/e/er* No tengo **ninguna** (revista).

•• Stehen **alguno** und **ninguno** vor maskulinen Substantiven im Singular, werden sie verkürzt zu **algún** und **ningún**.
¿Tenéis **algún** libro de cocina? – No, no tenemos **ninguno**.
No tengo **ningún** libro de cocina.

•• Steht vor **nada**, **nadie**, **ninguno/-a/-os/-as** ein Verb, so muß vor diesem Verb **no** stehen.
No, **no** tenemos **ningún** libro de cocina.
No hay **nadie** en casa.

Weitere Indefinitpronomen sind:

mucho/-a/-os/-as	*viel/e*	En el centro hay **muchos** teatros.
bastante/s	*ziemlich viel/e*	Me estás haciendo **bastantes** preguntas.
demasiado/-a/-os/-as	*zu viel/e*	Aquí hay **demasiada** gente.
todos (los)/todas (las)	*alle*	**Todos los** días compra un periódico.
otro/-a/-os/-as	*noch ein*	¿Me trae **otra** cerveza, por favor?

OJO: Beachten Sie, daß vor **otro** kein unbestimmter Artikel verwendet wird.
Déme **otro** kilo de fresas, por favor.

9.5 Die Relativpronomen *que* und *donde*

•• Das Relativpronomen **que** verwendet man für Dinge und Personen männlichen und weiblichen Geschlechts, im Singular und Plural, als Subjekt oder Objekt.

¿Me trae la chaqueta **que** está en la sala, por favor?	*... die Jacke,* ***die*** *im Wohnzimmer liegt?*
Aquí está el jersey **que** he comprado.	*... der Pullover,* ***den*** *ich gekauft habe.*
Aquí veis las fotos **que** he tomado en Chile.	*... die Fotos,* ***die*** *ich in Chile gemacht habe.*

•• Ist das Bezugswort eine Ortsangabe, wird **donde** verwendet.

El "Gloria" es el cine **donde** ponen "Fresa y chocolate".	*... das Kino,* ***wo*** *(in dem) „Erdbeer und Schokolade" gezeigt wird.*
El pueblo **donde** pasamos las vacaciones está en la Costa Dorada.	*Der Ort,* ***wo*** *(in dem) wir die Ferien verbrachten ...*

10. Einige Präpositionen *Algunas preposiciones*

a	
bei Zeitangaben:	
a las doce	*um zwölf Uhr*
algunas veces **al** año	*ein paarmal im Jahr*
una vez **a** la semana	*einmal pro Woche*
bei Richtungs- und Ortsangaben:	
Vamos **al** teatro.	*... ins Theater*
¿Vas **a** la playa?	*... zum Strand*
Voy **a** casa.	*... nach Hause*
Tienes que torcer **a** la derecha.	*... nach rechts*
El cine está **a** la izquierda del banco.	*... links von*
Toledo está **al** sur de Madrid.	*... südlich von*
bei Altersangaben:	
A los cinco años ya tocaba el piano.	*Mit fünf Jahren ...*
beim indirekten Objekt (Dativ):	
Le he dado la llave **a** Pedro.	*Ich habe Pedro den Schlüssel gegeben.*
Hemos regalado los libros **al** colegio.	*Wir haben die Bücher der Schule geschenkt.*
beim direkten Objekt (Akkusativ): Der Akkusativ wird bei Personen mit der Präposition **a** gebildet, bei Dingen dagegen ohne.	
Ayer vi **a** Mariana.	*Gestern habe ich Mariana gesehen.*
OJO: **a** + **el** wird zu **al**	

para	
Zweck *(für)*:	
Estas botas son **para** mi hijo.	*Diese Stiefel sind für meinen Sohn.*
Este dinero es **para** las compras.	*Dieses Geld ist für den Einkauf.*
Ziel, Bestimmung: **para** + Infinitiv (*um zu*):	
Estudio español **para ir** a Chile.	*Ich lerne Spanisch, um nach Chile zu fahren.*

por	
Tageszeit:	
por la mañana, **por** la tarde, **por** la noche (Aber: las seis **de** la tarde.)	*am Vormittag, am Nachmittag, in der Nacht*
Grund:	
Lo hacen **por** sus hijos.	*Sie tun es für ihre (wegen ihrer) Kinder.*
Mittel:	
Te lo mando **por** correo.	*... mit der Post.*
Art und Weise:	
por escrito	*schriftlich*
Weg, Richtung:	
Fuimos **por** el túnel.	*... durch den Tunnel*
Vinieron **por** París.	*... durch/über/via Paris*
Preis:	
Compré el coche **por** 5.000 marcos.	*... für 5.000 DM.*

según	
según los especialistas	*den Spezialisten zufolge*
según los intereses de nuestros clientes	*je nach den Interessen unserer Kunden*

Die Präpositionen **de**, **en**, **entre** und **hasta** werden, ähnlich wie im Deutschen, für Zeit- und Ortsangaben verwendet.
Weitere Präpositionen finden Sie im Abschnitt 15.

11. Die Zahlen *Los números*

11.1 Die Grundzahlen *Los cardinales*

0	cero	11	once	21	veintiuno
1	uno	12	doce	22	veintid**ó**s
2	dos	13	trece	23	veintitr**é**s
3	tres	14	catorce	24	veinticuatro
4	cuatro	15	quince	25	veinticinco
5	cinco	16	dieci**sé**is	26	veinti**sé**is
6	seis	17	diecisiete	27	veintisiete
7	siete	18	dieciocho	28	veintiocho
8	ocho	19	diecinueve	29	veintinueve
9	nueve	20	veinte	30	treinta
10	diez				

31	treinta y uno	101	ciento uno	1.000	mil
32	treinta y dos	200	doscientos/-as	2.000	dos mil
...		300	trescientos/-as	10.000	diez mil
40	cuarenta	400	cuatrocientos/-as	100.000	cien mil
50	cincuenta	500	**quinientos/-as**	500.000	quinientos mil
60	sesenta	600	seiscientos/-as	1.000.000	un millón
70	s**e**tenta	700	s**e**tecientos/-as	1.000.000.000	mil millones
80	ochenta	800	ochocientos/-as		
90	n**o**venta	900	n**o**vecientos/-as		
100	cien, ciento				

- **Uno** wird vor männlichen Substantiven zu **un**, vor weiblichen zu **una**.
  veintiún marcos
  sesenta y una pesetas
- Nur Zehner und Einer werden mit **y** verbunden.
  dos mil trescientos cuarenta **y** cinco
- Die Zahl 100 heißt **cien**.
  cien marcos
  Folgt ein Zahlwort (uno, dos, ...) muß es aber **ciento** heißen.
  ciento dos (Aber: **cien mil**)
- Ab 200 haben die Hunderter je eine männliche und eine weibliche Form, d.h. sie richten sich nach dem nachfolgenden Substantiv.
  doscient**os** cincuenta marc**os**
  quinient**as** peset**as**
- **Mil** ist unveränderlich.
- Zwischen **millón** und dem nachfolgenden Substantiv steht **de**.
  un millón **de** marcos

11.2 Die Ordnungszahlen

1° primero	3° tercero	5° quinto	7° séptimo	9° noveno
2° segundo	4° cuarto	6° sexto	8° octavo	10° décimo

•• Im Spanischen verwendet man die Ordnungszahlen in der Regel nur bis 10. Darüber hinaus gebraucht man die entsprechenden Grundzahlen.

•• Ordnungszahlen haben ebenso wie die Adjektive auf **-o** eine männliche und weibliche Form.
el quint**o** piso (5°)
la segund**a** calle a la izquierda (2ª)

•• **Primero** und **tercero** werden vor männlichen Substantiven im Singular verkürzt.
el **primer** piso, el **tercer** piso

•• Nach Ordnungszahlen steht kein Punkt, sondern die entsprechende Endung.
el **3er** (tercer) piso, la **2ª** (segunda) calle, el **1er** (primer) capítulo

12. Zeitangaben *Referencias temporales*

12.1 Die Uhrzeit

Es la una.

Son las dos.

Son las tres.

•• Für die erste halbe Stunde werden die Minuten mit **y** zur vollen Stunde addiert.
15.05 las tres **y** cinco
15.15 las tres **y** cuarto
15.30 las tres **y** media

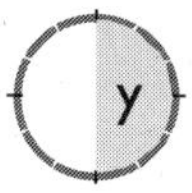

•• Für die zweite halbe Stunde werden die Minuten mit **menos** von der nächsten vollen Stunde abgezogen.
15.40 las cuatro **menos** veinticinco
15.45 las cuatro **menos** cuarto

In Lateinamerika kann man auch sagen:
15.40 Son veinte **para** las cuatro.
15.45 Es un cuarto **para** las cuatro.

•• „Um ... Uhr" wird mit der Präposition **a** ausgedrückt.
• **¿A** qué hora nos vemos?
◦ **A** las cinco.

•• Wird eine Uhrzeit mit einer Tageszeit verbunden, verwendet man **de** statt **por** (vgl. Abschnitt 10).
A las seis **de** la tarde cierra el Banco de Vizcaya.
(Aber: Los bancos no abren **por** la tarde.)

12.2 Das Datum

•• Im Spanischen wird das Datum mit Grundzahlen ausgedrückt.
¿Qué fecha/día es hoy? Es el **uno** de diciembre. (1–XII–1995).
Für den ersten Tag des Monats wird in Lateinamerika neben **el uno** auch **el primero** verwendet.

•• Tag und Monat bzw. Monat und Jahr werden durch **de** verbunden.
El trece **de** enero **de** 1996. (13–1–1996)

•• „**Am** ..." wird mit **el** ausgedrückt.
La fiesta es **el** veinticuatro de junio.
Das Fest findet am 24. Juni statt.

12.3 Zeitliche Beziehungen

Vergangenheit	Gegenwart	Zukunft
ayer	hoy	mañana
la semana pasada	esta semana	la semana que viene / la próxima semana
el mes pasado	este mes	el mes que viene / el próximo mes
el año pasado	este año	el año que viene / el próximo año
	esta mañana / tarde / noche	

antes de	+ Substantiv	Llegué **antes del** almuerzo.	*Ich kam vor dem Mittagessen an.*
	+ Infinitiv	Te llamo **antes de salir**.	*Ich rufe dich an, bevor ich weggehe.*
después de	+ Substantiv	Te escribo **después del** trabajo.	*Ich schreibe Dir nach der Arbeit.*
	+ Infinitiv	**Después de comer** duermo la siesta.	*Nach dem Esssen halte ich Mittagsschlaf.*

hace + Zeitraum	Llegamos **hace** tres días.	*vor*
desde + Zeitpunkt	Pepe vive en Madrid **desde** 1990.	*seit*
desde hace + Zeitraum	Estoy aquí **desde hace** dos semanas.	*seit*
de... a...	**De** lunes **a** jueves trabajo en una farmacia.	*von ... bis ...*
	María trabaja cada día **de** las ocho **a** las cinco.	
desde... hasta...	Estoy allí **desde** las ocho **hasta** las cuatro.	*von ... bis ...*
	Voy a quedarme en Barcelona **desde** el martes **hasta** el domingo.	
ya	¿**Ya** has desayunado?	*schon*
todavía	**Todavía** faltan diez días.	*noch*
todavía no	**Todavía no** he tenido tiempo.	*noch nicht*
ya no	**Ya no** trabajo en la farmacia.	*nicht mehr*

13. Häufigkeitsangaben

nunca	*nie*	No voy **nunca** al teatro.
casi nunca	*fast nie*	No voy al cine **casi nunca.**
a veces	*manchmal*	**A veces** voy al bar para tomar una copa.
frecuentemente	*oft, häufig*	Ana cocina **frecuentemente** con chile.
muchas veces	*oft*	Los frijoles se comen **muchas veces** como puré.
normalmente	*normalerweise*	**Normalmente** tomamos dos platos.
regularmente	*regelmäßig*	Yo hago deporte **regularmente.**
casi siempre	*fast immer*	**Casi siempre** desayuno en el bar.
siempre	*immer*	**Siempre** pasamos las vacaciones en Mallorca.

Weitere Ausdrücke für immer wiederkehrende, regelmäßige Handlungen und Ereignisse sind:

cada	**hora** **día** **semana** **mes** **año**	**todos los** **todas las**	**días** **meses** **años** **semanas**

cada und **todos los / todas las** sind gleichbedeutend: *jeden / jedes / jede*. Während **cada** jedoch unveränderlich ist, richtet sich **todos los** im Geschlecht nach dem Substantiv.

una vez **dos veces**	**por día / por semana / por mes / por año** **al día / a la semana / al mes / al año**	*einmal pro Tag / Woche / Monat / Jahr* *einmal am Tag in der Woche / im Monat / im Jahr*
cada	**mes / año / 15 días** **tres semanas**	*jeden Monat / jedes Jahr / alle zwei Wochen* *alle drei Wochen*

OJO: „Vierzehn Tage" heißt **quince días**.

14. Mengenangaben

14.1 Quantitative und qualitative Angaben

muy **bastante** **poco** **nada**	+ Adverb/ Adjektiv	**muy** *(sehr)* verwendet man immer mit einem Adjektiv oder Adverb. *ziemlich, sehr* *wenig, nicht sehr* *gar nicht, überhaupt nicht*	El tiempo está **muy** agradable. El trabajo está **muy** bien hecho. Lo has hecho **bastante** mal. Este vestido es **bastante** bonito. Este chico es **poco** simpático. No me parece **nada** interesante.
Verb +	**mucho** **bastante** **poco** **muy poco** **nada**	*sehr, viel* *ziemlich, sehr* *wenig, nicht sehr* *sehr wenig* *nichts*	Hoy has trabajado **mucho**. El cuadro me gusta **bastante**. María siempre come **poco** El jefe trabaja **muy poco**. Hoy no hago **nada**.
mucho **poco**	+ Substantiv	Has tenido **mucha** suerte. En el pueblo hay **poca** gente.	Werden **mucho** und **poco** mit Substantiven gebraucht, so richten sie sich in Geschlecht und Zahl nach diesen.

Als Adjektiv ist **mucho** (*viel/e*) veränderlich und richtet sich nach dem zugehörigen Substantiv.
En Madrid hay **mucho** tráfico.
Carla tiene **muchas** amig**as**.

Als Adverb ist **mucho** (*sehr, viel*) unveränderlich und steht bei Verben oder allein.
Esta falda me gusta **mucho**. (*sehr*)
Pepa trabaja **mucho**. (*viel*)

Muy (*sehr*) ist Adverb und steht vor Adjektiven oder Adverbien.
Tengo un jersey **muy** cómodo.
En España se come **muy** tarde.

14.2 Vergleiche

•• mehr als/weniger als

más que **menos que**	+ Substantiv oder Pronomen	Pedro me gusta **más que** José. Ana trabaja **menos que** tú.
más **menos**	+ Adjektiv / Adverb / Substantiv + **que**	Los Alpes son **más** altos **que** los Pirineos. Hoy me he levantado **más** temprano **que** normalmente. París tiene **más** habitantes **que** Barcelona.
más de **menos de**	+ Zahlen und Mengen	La casa tiene **más de** cien años. El pueblo tiene **menos de** mil habitantes.

•• genauso (viel) wie

tan	+ Adjektiv/Adverb + **como**	El uno es **tan** bonito **como** el otro. En tren llego **tan** bien **como** en coche.
tanto/-a/-os/-as	+ Substantiv + **como**	Gastamos casi **tanto** dinero en vivienda **como** en ropa. Nadie tiene **tanta** suerte **como** tú. Este libro no tiene **tantas** ilustraciones **como** el otro. In Verbindung mit Substantiven verwendet man zum Vergleich **tanto... como.** Dabei richtet sich **tanto** in Geschlecht und Zahl nach dem Substantiv.
Verb	+ **tanto como**	Trabajo **tanto como** el jefe pero gano mucho menos.

14.3 Maße und Gewichte

1 cm	centímetro	1 kg	un kilo	1 l	un litro
1 m	metro	1/2 kg	medio kilo	1/2 l	medio litro
1 km	kilómetro	100 gr	cien gramos		

Bei Maßen und Gewichten werden Ergänzungen immer mit **de** angeschlossen.
Déme **medio kilo de** queso, por favor.
He comprado **un litro y medio de** leche.

OJO: Beachten Sie, daß bei **medio** kein unbestimmter Artikel verwendet wird.
Déme **medio** kilo de fresas.

15. Orts- und Richtungsangaben

aquí	*hier*	**Aquí** trabaja Juan.
allí	*dort*	Gonzalo vive **allí**.
de	*von, aus*	El sr. Covadonga es **de** Galicia.
a	*nach*	El domingo vamos **a** Sevilla.
de... a	*von... nach*	El tren va **de** Berlín **a** Madrid.
desde... hasta	*von... bis*	**Desde** Santiago **hasta** Puerto Montt son mil kilómetros.
hacia	*nach*	Esta ruta va **hacia** el norte.
en	*in*	El jersey está **en** la maleta.
sobre	*auf*	El libro está **sobre** la mesa.
entre	*zwischen*	Coloca la lámpara **entre** el sofá y el armario.
cerca (de)	*nahe (bei)*	Está **cerca** (del centro).
lejos (de)	*weit (von)*	Está **lejos** (de la estación).
dentro (de)	*innerhalb (von)*	Está **dentro** (de la caja).
fuera (de)	*außerhalb (von)*	Está **fuera** (de la ciudad).
delante (de)	*davor / vor*	Está **delante** (de la puerta).
detrás (de)	*dahinter / hinter (+ Dativ)*	Está **detrás** (del edificio).
enfrente (de)	*gegenüber (von)*	Está **enfrente** (del teatro).
al otro lado (de)	*auf der anderen Seite (von)*	Está **al otro lado** (del río).
debajo (de)	*darunter / unter*	Está **debajo** (del sofá).
encima (de)	*darauf / darüber / über*	Está **encima** (de la mesa).
al lado (de)	*daneben / neben*	Está **al lado** (del supermercado).
a la derecha (de)	*rechts (von)*	Está **a la derecha** (del cine).
a la izquierda (de)	*links (von)*	Está **a la izquierda** (del museo).

A la derecha und **a la izquierda** können auch *nach rechts* bzw. *nach links* bedeuten.
Vaya primero **a la izquierda**. *Gehen Sie zunächst nach links.*

16. Der Satz *La frase*

16.1 Zur Wortstellung im Satz

- Im Spanischen ist die Wortstellung in Haupt- und Nebensätzen gleich (Subjekt – Prädikat – Objekt).
  Pedro compró el vino por la mañana.
  Pedro compró una tortilla porque María tenía hambre.

- In Fragesätzen entspricht die Wortstellung im Spanischen in der Regel der im Deutschen.
  ¿Viene Carmen? *Kommt Carmen?*
  ¿Dónde está Joaquín? *Wo ist Joaquín?*

  In Fragen ohne Fragewort ist aber auch die Reihenfolge wie im Aussagesatz möglich.
  ¿Carmen viene hoy?

16.2 Der Fragesatz

Die Fragewörter tragen im Spanischen grundsätzlich einen Akzent. Das gilt auch für indirekte Fragen.

¿**Dónde** está Carlos?	*Wo ist Carlos?*
No sé **dónde** está.	*Ich weiß nicht, wo er ist.*

Geschlossene Fragen

Dies sind Fragen, auf die man mit **sí** oder **no** antwortet. Sie haben die gleiche Struktur wie die Aussagesätze; nur die Intonation beim Sprechen ändert sich.

¿Tienes tiempo esta tarde?
¿Tu madre viene mañana?
¿Hoy es viernes?

Fragen mit Fragewörtern

Fragen nach der Identität:		
¿quién?	*Wer?*	¿**Quién** es esta chica?
¿quiénes?		¿**Quiénes** son estos jóvenes?
¿qué + Verb**?**	*Was?*	¿**Qué** desea usted?
¿qué + Substantiv**?**	*Was für (ein/e)?*	¿**Qué** películas te gustan?
¿cuál?	*Welche/r?*	¿**Cuál** es la película que te gusta tanto?
		¿**Cuál** quieres comprar, el rojo o el azul?
¿cuáles (de los/las)**?**		¿**Cuáles** de los libros te gustan más?
Fragen nach Ort oder Richtung:		
¿dónde?	*Wo?*	¿**Dónde** está Carlos?
¿adónde?	*Wohin?*	¿**Adónde** vamos este fin de semana?
¿de dónde?	*Woher?*	¿**De dónde** eres?
Fragen nach der Zeit:		
¿cuándo?	*Wann?*	¿**Cuándo** nos encontramos?
¿desde cuándo?	*Seit wann?*	¿**Desde cuándo** se conocen?
¿hasta cuándo?	*Bis wann?*	¿**Hasta cuándo** te quedas?
Fragen nach der Menge:		
¿cuánto?	*Wieviel?*	¿**Cuánto** has pagado por el coche?
¿cuánto/-a/-os/-as + Subst.**?**	*Wieviel/e?*	¿**Cuánto** vino has tomado?
		¿**Cuánta** cerveza compramos?
		¿**Cuántos** años tienes?
		¿**Cuántas** familias viven allí?
Fragen nach der Art und Weise:		
¿cómo?	*Wie?*	¿**Cómo** se llega de aquí a la estación?
Fragen nach Motiv, Ursache oder Absicht:		
¿por qué?	*Warum?*	¿**Por qué** me has llamado?
¿para qué?	*Wofür? Wozu?*	¿**Para qué** estudias español?
Mögliche Antworten sind		
para + Infinitiv	*um zu*	**Para** ir a España.
porque + Satz	*weil*	**Porque** me gusta aprender idiomas extranjeros.
es que + Satz	*denn*	**Es que** hoy no tengo tiempo.
por + Substantiv	*wegen*	Te he llamado **por** el libro que me quieres mandar.

¿no?, **¿verdad?** hängt man an eine Aussage an, wenn man eine Vermutung bestätigt haben möchte.

Por aquí se llega al centro, **¿no?**
Tú me ayudas, **¿verdad?**

16.3 Der Ausrufesatz

qué +	Substantiv	¡**Qué** ejercicio más difícil!	*Was für eine schwierige Aufgabe!*
	Adjektiv	¡**Qué** rara es esta chica!	*Wie seltsam ...!*
	Adverb	¡**Qué** bien te queda esta blusa!	*Wie gut ...!*

Das **qué** in solchen Ausrufen trägt einen Akzent.

16.4 Die Verneinung

no		
– **No** kann *nein*, aber auch *nicht* und *kein* heißen.		• ¿Eres alemán? ○ **No**, soy francés. Carlos **no** es profesor, es ingeniero. **No** tengo dinero.
– In der Regel steht **no** vor dem gebeugten Verb.		• ¿Has hecho las compras? ○ No, **no** he tenido tiempo.
– Personalpronomen und Reflexivpronomen gehören noch enger zum Verb. Gibt es Pronomen im Satz, so steht **no** vor dem Pronomen.		Paula **no** se ha lavado las manos.
nada	*nichts*	No he comprado **nada**.
nadie	*niemand*	No he visto a **nadie**
ningún/ninguno/-a	*kein/e/r*	No conozco **ningún** museo aquí.
nunca	*nie*	• No he ido al Prado **nunca**.
tampoco	*auch nicht*	○ Yo **tampoco**.
Stehen diese Worte nach dem gebeugten Verb, dann wird doppelt verneint mit **no**. Stehen sie vor dem Verb, dann entfällt **no**.		**No** he viajado a España **nunca**. **Nunca** he viajado a España.
ni... ni	*weder ... noch*	No tengo **ni** ganas **ni** dinero.
todavía no	*noch nicht*	**Todavía no** se lo he dicho.
ya no	*nicht mehr*	**Ya no** trabajo, estoy jubilada.

17. Einige Konjunktionen *Algunas conjunciones*

Konjunktionen dienen dazu, Wörter, Wortgruppen oder Sätze miteinander zu verknüpfen. Die folgende Aufstellung zeigt die wichtigsten in „Caminos I" vorkommenden Konjunktionen.

y	*und*	Pedro estudia **y** Carmen trabaja. Yo estudio francés **y** ruso.
o	*oder*	¿Qué quieres, café **o** té?
pero	*aber*	José Luis es cocinero, **pero** ahora no tiene trabajo.
que	*daß*	Carlos me ha escrito **que** le gusta su nuevo trabajo.
cuando	*als* *wenn*	Estaba lloviendo **cuando** salí de la casa. **Cuando** viene Carlos, siempre me trae un regalo.
porque	*weil*	Me gusta vivir en un pueblo **porque** la vida es muy tranquila allí.
sino	*sondern*	"Trabajar" no es un sustantivo **sino** un verbo.
mientras	*während*	**Mientras** tú trabajas yo toco el piano. **Mientras** Pedro iba por la ciudad encontró a su profesor.
si	*wenn*	**Si** tienes tiempo vamos al cine.